D0897674

# SIXTEENTH-CENTURY FRENCH POETRY

# Sixteenth-Century French Poetry

Edited by

## VICTOR E. GRAHAM

*University of Toronto Press*

# Contents

# INTRODUCTION

IN THIS ANTHOLOGY an effort has been made to include representative selections from the most significant sixteenth-century French poets. With the exception of a few longer works (mainly those of Ronsard, Du Bartas, and D'Aubigné), poems are given complete. In addition, the original spelling and punctuation have been retained as far as possible, except for the usual editorial modifications (differentiation of *u* and *v*, *i* and *j*, the addition of accents to *à*, *où*, replacement of & by *et*, and so on). After all, part of the fun of reading sixteenth-century poetry is getting acquainted with differences in spelling and syntax, and learning to savour the authentic language of the period. The difficulties are not really very great and no glossary has been provided, on the theory that as often as not readers fail to find the word they are looking for among those which the editor thinks he needs to explain. Very often words can be guessed at by being read aloud but obsolete expressions and any others likely to prove troublesome are dealt with in footnotes. If students get stuck nonetheless, they should turn first to Harrap's *Standard French-English Dictionary* and then to their instructor.

Among general trends or movements during the century, it seemed essential to consider the *Grands Rhétoriqueurs*, the Lyon poets, and the Pléiade. Of the latter group, frequently only the names of Ronsard and Du Bellay are mentioned and it is for this reason that some space is given to each member of the school. The successors to the Pléiade are represented by Desportes and the anthology concludes with a group of Protestant poets who do not form a school even though they reflect a significant aspect of poetry near the end of the century.

No attempt has been made to include dramatic poetry or poetic theory, even though both are extremely important. From the bibliographical information given, interested students will be able to pursue these topics independently.

The sixteenth century is a period of tremendous poetic activity. It is a period closer in spirit to us in many ways than the intervening centuries, particularly the seventeenth and the eighteenth. Its poetry is still being rediscovered and re-assessed in a way that is just as exciting as the period of foment during which it was written.

REFERENCES

D. C. CABEEN, *A Critical Bibliography of French Literature*, vol. II, *The Sixteenth Century* (Syracuse, N.Y., Syracuse University Press, 1956).

A. CIORANESCU, *Bibliographie de la littérature française du seizième siècle* (Paris, Klincksieck, 1959).

G. GRENTE, *Dictionnaire des lettres françaises : Le seizième siècle* (Paris, Fayard, 1951).

There is a special dictionary of sixteenth-century French language, which up to 1963 includes the letters A to Re:

EDMOND HUGUET, *Dictionnaire de la langue française au XVI<sup>e</sup> siècle* (Paris, Champion-Didier [1925– ]).

# SIXTEENTH-CENTURY FRENCH POETRY

# LES GRANDS RHÉTORIQUEURS

FOR AN OVER-ALL VIEW of the development of French poetry during the sixteenth century, it is necessary to be acquainted with the situation at the beginning of the period. Villon, the great fifteenth-century poet, had disappeared from view about 1473. There were no individual poets of his calibre alive but there was a very active group of prolific bourgeois poets known as the *Grands Rhétoriqueurs* because of their dominant characteristic: rhetoric, or form.

The school of the *rhétoriqueurs* was founded by Georges Chastellain (1405–1475) and Jean Molinet (1435–1507). Among the other members one can include Jean Bouchet (1476–1557), Jean Meschinot (1420–1491), Octovien de Saint-Gelays (1468–1502), Jean Marot (1450[?]–1526) and Jean Lemaire de Belges (1473–1515[?]). The list could be extended considerably.

It is difficult to give a brief summary of the work of the *rhétoriqueurs*. Their production was tremendous and much of it was didactic, repetitious, and arid. They were extremely erudite in a limited way, their favourite sources being pagan mythology (mostly through Seneca and Ovid), the Book of Proverbs and the medieval *Roman de la Rose* with its highly developed allegory. They also liked to introduce everyday proverbs into their poetry and the unrelieved moralizing became extremely tedious.

> Se[1] à rose ardant duit[2] odeur précieuse,
> A fleur en may beauté délicieuse,
> Clarté au ciel, et vérité au livre;
> Se à rubis, perle ou gemme précieuse
> Duit vertu digne et garde curieuse;
> Plaisant maintien à dame gracieuse,
> A beau parler, beau stile qui enivre;
> Si grand los duit à terre fructueuse,
> Chierté à herbe utile et valueuse;
> A chief royal, couronne somptueuse,
> A beau faucon, esle[3] vite et délivre :
> Encore à vous, noblesse copieuse,
> Il vous duit mieux, par loy substantieuse
> Et par nature et gloire ambitieuse,
> Avoir vertu, vergogne et noble vivre.

**GEORGES CHASTELLAIN**
*Le Miroer des nobles hommes de France*, 278–92

(*Œuvres*, ed. Lettenhove, VI, 211)

[1]Si   [2]convient   [3]aile

The *rhétoriqueurs* were in no sense innovators. They continued medieval tradition and every statement had to be supported with suitable conventional illustrations. In their longer poems they favoured the *doctrinal* (concentrated advice on a specific subject), the *débat* (hypothetical arguments usually based on irreconcilable differences), the *déploration* (poems expressing regrets of one kind or another), and the *épître* (letters in verse to real or, more often, fictional recipients). In shorter poems they cultivated difficulty for its own sake, first in the complicated forms they preferred (*rondeau, virelai, ballade*) and second in the tricks of versification they employed (plays on words, ambiguous rhymes, lines that can be read forwards or backwards, lines that can be split in the middle so that the poem will have one meaning if it is read complete and a different meaning if it is read in halves).

It is this latter feature which makes many of the poems by the *rhétoriqueurs* more like puzzles or ingenious word games than like poetry. Jean Molinet, for example, in a poem incorporating the numbers in chronological order from one to twenty-two varied the usual didactic formula by writing:

> XI doit montrer XII et gent
> XIII amyable à toute gent;
> En pur XIV seront mis
> Quo XV et qui hait XVI amis.
>
> *On se* doit montrer *doux* et gent
> *Très* amyable à toute gent;
> En pur*gatoire* seront mis
> *Coquins* et qui hait *ses* amis.

An excellent example of a complicated play on words is provided by Jean Meschinot in his poem *Les Lunettes des princes*. Reason reproaches the poet for complaining so loudly about human misery in this world and says that it is nothing compared with what the final calamity, death, will be:

> Ha ! si ton cueur tant de maux *pour ire a,*
> A ton trespas pense que *pou rira,*
> Car as à faire une dolente issue,
> Ton ame ès cieux ou en grant *paour ira*
> Et ta charongne en terre *pourrira.*
> (*Œuvres*, ed. La Borderie, 113)

It would be tedious to describe all the subtleties in versification practised by the *rhétoriqueurs*. They were particularly addicted to *vers fraternisés* (sometimes called *vers enchaînés*) where the last syllable of one line is repeated at the first of the next:

> Pour dire au vray, au temps qui *court*,
> *Court* est bien perilleux *passage* :
> *Pas sage* n'est qui droit là *court*,
> *Court* est son bien et *avantage*;
> *Avant age* fault le cou*rage*.
> *Rage* est sa paix, pleurs ses sou*las*,
> *Las* ! c'est un très piteux mes*nage*.
> *Nage* autre part pour tes esbats...

In *vers brisés*, the poem may be read in a variety of ways.

| | |
|---|---|
| D'honneur sentier | Confort seur et parfait |
| Rubi cheris | Safir très precieux |
| Cueur doulx et chier | Support bon en tout fait |
| Infini pris | Plaisir melodieux |
| Ejouy ris | Souvenir gracieux |
| Dame de Sens | Mère de Dieu très nette |
| Appuy rassis | Desir humble joyeux |
| M'ame diffens | Très chière Pucelette. |

Of this prayer to the Virgin Mary, Meschinot wrote: "Ceste oraison se peult dire par huit ou par seize vers, tant en retrogradant que aultrement, tellement qu'elle se peult lire en trente-deux manières differentes et plus, et à chascune y aura sens et rime, et commencera tousjours par motz differentz qui veult."

The *rhétoriqueurs* are seldom personal or spontaneous. Even in love poetry they remain conventional and vague.

### RONDEAU XI

> Devant mes yeux tousjours vous ay présente
> Par souvenir qui à mon cœur présente
> Le bien, l'honneur de quoy vous estes plaine,
> Et je ne crains le traveil, ni la paine;
> Car d'y penser volentiers me contente,
> Et posé or que vous soyez absente
> De moy trop loings, dont regret me tourmente,
> Sy est tousjours vostre ymaige prochaine
>     Devant mes yeux.
> Amour parfait me fait blasmer l'attente,
> Et s'il advient que je seuffre ou je sente
> Du desplaisir mainteffois la sepmaine,
> Quant vos valleurs ensemble je rameine

Nulle fois vous ne me semble apparente
Devant mes yeux.

GEORGES CHASTELLAIN
(*Œuvres*, ed. Lettenhove, VIII, 314)

The only *rhétoriqueur* who is at all original is Jean Lemaire de Belges. His most important work is the prose *Illustration de Gaule et singularitez de Troye* (1510, 1512, 1514), but much of his poetry is quite delightful. In the two *Epîtres de l'amant verd* (1505 and 1509), Jean Lemaire pretends to write to Marguerite d'Autriche in the name of a parrot which had been eaten by a mastiff during her absence on a visit to Germany. In the first *épître* he imagines that the parrot missed its mistress so desperately that it committed suicide by letting a dog devour it. In the second *épître* the parrot describes the underworld and all the creatures in torment there: the boar that killed Adonis, Acteon's dogs, the snake that killed Eurydice, and so on.

Jean Lemaire can be mocking and mischievous in a way that already anticipates Clément Marot. An excellent example of this style is a brief poem from *La Légende des Vénitiens* where he praises Louis XII and his arms (incorporating the *porc épic*), warning the Venetians what is going to happen to the lion of Venice when the French invaders reach the city!

### LE BLASON DES ARMES DES VENITIENS

Lyon nageant, Lyon trotant,
Lyon yssant, Lyon passant,
Lyon mordant et ravissant,
Tu te disois Lyon volant,
Lyon courant, Lyon saillant,
Et t'allois si fort Lyonnant
Que Mer, et Terre, et Ciel luysant,
De gouverner faisois semblant.
Mais une Dame au cœur vaillant,
Fille au grand Aigle triomphant,
Tante à l'enfant gent et plaisant,[4]
Qui est le vray Lyon rampant :
Par son parler doux et cliquant,
Et par la paix des Roys faisant :
T'ha rendu mat, povre et tremblant :
Si qu'on dira d'orenavant,

[4]A reference to Margaret, daughter of the emperor Maximilian, and to Charles Quint who was nine years old at the time.

Qu tu n'es pas Lyon croupant,
Lyon couchant, Lyon fuyant,
Mais pis qu'un Chien ord et puant.
   Là où on void desmaintenant
Que le Porc espic trespuissant,
Est plus fort qu'un Lyon bruyant,
Plus redouté qu'un Elephant,
Et sa hauteur resplendissant,
Qui fait au monde des biens tant,
Chacun ira par tout louant,
Disant, chantant et escrivant,
Vive le Roy Loys le grant.

JEAN LEMAIRE DE BELGES
(*Œuvres*, ed. Stecher, III, 407)

It is easy to ridicule the *rhétoriqueurs* and it is certainly true that much of their poetry is worthless. Héricault, who was responsible for the volume on the fifteenth and sixteenth centuries in the Crépet anthology, wrote in his preface about Jean Bouchet: "J'ai lu, avec toute bienveillance plus de 60,000 de ses vers... mais il m'a été impossible d'y trouver un passage qui valût la peine d'être reproduit ici." Nevertheless, a few poems by the *rhétoriqueurs* appeal to us because of the way they catch the spirit of the times. It is a period of stagnation, to be sure, the end of a regime, just before new and exciting developments take place, but it is a period with distinctive characteristics.

In the following excerpt from a poem by Octovien de Saint-Gelays, one can see many of the typical devices used by the *rhétoriqueurs*: antithesis, enumeration, allegory, a moralizing tone. At the same time the theme is the universal one of the flight of time, so dear to Ronsard and other members of the Pléiade. Saint-Gelays does not, in fact, counsel "Gather ye rosebuds while ye may." Instead, he introduces a Christian prayer which is certainly more typical of the Middle Ages than the cultivated paganism of the Renaissance. There is, however, a resignation which is perhaps just as comforting as the frenetic exhortations of a hedonistic philosophy. At any rate, the poem forms a startling contrast with what is to come later in the century.

FRAGMENT DU POËME: LE SÉJOUR D'HONNEUR

Ores congnois mon premier temps perdu,
De retourner jamais ne m'est possible;
De jeune vieulx, de joyeux esperdu.

De beau tres lait, et de joyeux taisible[5]
Suis devenu; rien ne m'estoit impossible
A moy jadis, helas ! ce me sembloit.
C'estoit abus qui caultement embloit[6]
Le peu qu'avois pour lors de congnoissance
Quant je vivois en mondaine plaisance.

Des dames lors estoye recueilly,
Entretenant mes doulces amourettes;
Amours m'avoit son servant accueilly,
Portant bouquets de boutons et fleurettes;
Mais maintenant, puisque porte lunettes,
De Cupido ne m'acointeray plus;
De sa maison suis chassé et forchus;
Plus ne feray ne rondeaulx ne ballades;
Cela n'est pas restaurant pour mallades.

Ha ! jeune fus, encore le fussé-je;
Or ay passé la fleur de mon jouvant;[7]
Plus ne sera Espoir de mon corps pleige[8]
Pour estre tel comme je fus devant;
Chanter souloye et rymoyer souvent;
Ores me fault, en lieu de telles choses,
Tousser, cracher; ce sont les fleurs et roses
De vieillesse, et ses jeux beaulx et gents
Pour festoyer entre nous bonnes gens...

J'estoye frais, le cuyr tendre et poly,
Droict comme ung jonc, legier comme arondelle,
Propre, miste,[9] gorgias[10] et joly
Doulx en maintien ainsi qu'une pucelle
Dieu ! que j'ay deuil quant me souvient de celle
Que j'aymoye tant alors parfaitement,
Qui me donna premier enseignement
De bonnes meurs pour acquerir sa grace.
S'elle est morte, mon Dieu pardon luy face,
Et, s'elle vit, je prie à Jesus-Christ,
Que de tout mal et dangier la preserve;
Pour elle ay faict maint douloureux escript;
Plus ne m'atens que jamais je la serve,
Car banny suis, vieillart mis en reserve;
Plus que gemir certes je ne feray,

[5]silencieux
[6]m'ôtait par ruse
[7]jeunesse    [8]caution    [9]joli    [10]gentil

Doresnavant à riens ne serviray
Que de registre ou de vieux protecolle
Pour enseigner les enfans à l'escolle...

Mon passe-temps sera compter alors
Combien y a que premier j'eus couronne[11]
Quel roy regnoit, ou quel pape estoit lors,
Si la saison estoit à l'heure bonne;
Veez[12] là l'estat de ma povre personne,
En attendant que Dieu face de moy
L'ame partir, car tous à ceste loy
Sommes lyez, c'est tribut de nature,
Sans excepter aucune creature.

OCTOVIEN DE SAINT-GELAYS
(*Les Poètes français*, ed. Crépet, I, 481)

**REFERENCE**

HENRY GUY, *Histoire de la poésie française au XVIe siècle*, vol. I, *L'Ecole des Rhétoriqueurs* (Paris, Champion, 1910).

[11]Je reçus la tonsure     [12]Voyez

# Clement Marot
## (1496-1544)

CLÉMENT MAROT was born in Cahors where his father, the *rhétoriqueur* Jean Marot, lived until he moved to Paris in 1506 as secretary to the queen, Anne de Bretagne. Marot was brought up in the shadow of the court, acquiring in rather haphazard schooling a little Latin but no Greek and imitating in his own early poetic efforts the style of the *Grands Rhétoriqueurs*. After serving as a page in the household of Nicolas de Neufville, Seigneur de Villeroy who was Secretary of Finances, he became for a short time a law clerk. It was at this period that he first met Lyon Jamet who was to become his life-long friend.

In 1519, after soliciting the post through François I, Marot entered the service of Marguerite d'Alençon, the king's sister.[1] During the eight years he spent under her protection, Marot was strongly influenced by burgeoning Protestant thought and in 1526 he was imprisoned for having eaten meat on fast days in Lent. Marot appealed to Lyon Jamet to help him and shortly afterwards, through the intervention of the Bishop of Chartres, was released. As a result of this experience Marot wrote a bitter satire of the law courts and prisons (*L'Enfer*).

On the death of his father in 1527, Marot succeeded to his post as *valet de chambre du roi* and became, in effect, the official court poet. About this time he fell in love with Anne d'Alençon, a niece of Marguerite de Navarre, to whom he addressed many of his most charming poems.

Marot is credited with introducing the sonnet into French verse with an imitation of Petrarch in 1529, *Pour le May planté par les imprimeurs de Lyon devant le logis du seigneur Trivulse*. His first collection of poems, *L'Adolescence Clémentine*, appeared in 1532, and the *Suite de l'Adolescence Clémentine* in 1533 or 1534. His first paraphrase of a psalm (VI) was published in 1533 in Marguerite de Navarre's *Miroir de l'âme pêcheresse*.

After the Affaire des Placards in October 1534, many Protestants felt it prudent to leave Paris and Marot took refuge in Ferrara at the court of Renée de France, the daughter of Louis XII and Anne de

---

[1]Marguerite d'Alençon is known as Marguerite d'Angoulême (her original title), Marguerite de Valois (her brother was the first of the Valois-Angoulême dynasty), and Marguerite de Navarre. Her first husband, the Duc d'Alençon, died in 1525 and in 1527 she married the King of Navarre by whom she had one daughter, Jeanne d'Albret, who was the mother of the future Henri IV.

Bretagne. From here, he addressed appeals to François I and Marguerite de Navarre to be allowed to return in safety to France. Permission was granted in 1536, and, after formally abjuring any thought of heresy before the Cardinal de Tournon at Lyon, Marot jubilantly returned to Paris.

Troubles were not over, however. Marot soon became involved in a quarrel with the poet Sagon. Meanwhile, he had been continuing work on his paraphrases of the Psalms and these were published in 1541, followed by *L'Enfer* in 1542, which the printer Dolet seems to have issued without Marot's permission. The Sorbonne condemned both works and Marot was again forced to flee, this time to Geneva. Here he continued with the metrical versions of the Psalms; but he had some disagreements with Calvin and left for Chambéry and Turin where he died in 1544.

In addition to a considerable volume of original poetry, Marot also produced versified French translations of poems of Virgil, Lucian (1513–1514), and Ovid (1534), as well as the Psalms of David. He edited the *Roman de la Rose* (1529) and the poetry of Villon (1532).

In his own work, Marot excels in the shorter forms. Besides the medieval *ballade* and *rondeau*, he wrote epigrams (some in imitation of Martial), *chansons, élégies,* and *épîtres.* His mood is alternately melancholy, facetious, impertinent, and indignant. Marot started out by imitating the *rhétoriqueurs* but in later years he became more and more independent and personal. His range is limited, but in light, whimsical verse he is unexcelled.

**REFERENCES**

PIERRE JOURDA, *Marot, l'homme et l'œuvre* (Paris, Boivin, 1950).
JEAN ROLLIN, *Les Chansons de Clément Marot* (Paris, Fischbacher, 1951).
CLÉMENT MAROT, *Les Epîtres,* critical edition, ed. C. A. Mayer (London, Athlone Press, 1958).
For Marot's "complete" poetry, editions usually available are: Jannet, 4 vols. (Paris, Lemerre, 1873–1876); Guiffrey, 5 vols. (Paris, 1875–1931); Abel Grenier, 2 vols. (Paris, Garnier Frères, n.d.).

## PETITE EPISTRE AU ROY

En m'esbatant je faiz Rondeaux en rime,
Et en rimant bien souvent je m'enrime;
Brief, c'est pitié d'entre nous Rimailleurs,
Car vous trouvez assez de rime ailleurs,

Et quand vous plaist, mieulx que moy rimassez,     5
Des biens avez et de la rime assez.
Mais moy, à tout ma rime et ma rimaille,
Je ne soustiens (dont je suis marry) maille.
    Or, ce me dist (ung jour) quelque Rimart:
Viença, Marot, trouves tu en rime art     10
Qui serve aux gens, toy qui as rimassé?
Ouy vrayement (respondz je) Henri Macé.
Car voys tu bien, la personne rimante,
Qui au Jardin de son sens la rime ente,
Si elle n'a des biens en rimoyant,     15
Elle prendra plaisir en rime oyant;
Et m'est advis que, si je ne rimoys;
Mon pauvre corps ne seroit nourry moys,
Ne demy jour. Car la moindre rimette,
C'est le plaisir où fault que mon rys mette.     20
    Si vous supply qu'à ce jeune Rimeur
Faciez avoir ung jour par sa rime heur,
Affin qu'on die, en prose ou en rimant:
Ce Rimailleur, qui s'alloit enrimant,
Tant rimassa, rima et rimonna,     25
Qu'il a congneu quel bien par rime on a.

Ce poème, composé par Marot en 1518 ou 1519 avant d'entrer au service de Marguerite d'Alençon, et adressé au roi, est basé entièrement sur des rimes équivoquées.

(2) m'enrime—m'enrhume  (5) Allusion possible aux poèmes de François I.  (7) à tout—avec  (8) marry—triste, fâché; soutenir maille—posséder un sou  (12) On ne connaît aucun poète de ce nom.  (14) ente—greffe  (16) oyant—entendant  (21) si—aussi  (22) heur—bonheur  (23) die—dise

## EPISTRE A SON AMY LYON

    Je ne t'escry de l'amour vaine et folle,
Tu voys assez s'elle sert ou affolle;
Je ne t'escry ne d'Armes ne de Guerre,
Tu voys qui peult bien ou mal y acquerre;
Je ne t'escry de Fortune puissante;     5
Tu voys assez s'elle est ferme ou glissante;
Je ne t'escry d'abus trop abusant,

Tu en sçais prou et si n'en vas usant;
Je ne t'escry de Dieu ne sa puissance,
C'est à luy seul t'en donner congnoissance;          10
Je ne t'escry des Dames de Paris,
Tu en sçais plus que leurs propres Maris;
Je ne t'escry qui est rude ou affable,
Mais je te veulx dire une belle Fable,
C'est assavoir du Lyon et du Rat.                    15
   Cestuy Lyon, plus fort qu'ung vieulx Verrat,
Veit une fois que le Rat ne sçavoit
Sortir d'ung lieu, pour autant qu'il avoit
Mangé le lard et la chair toute crue;
Mais ce Lyon (qui jamais ne fut Grue)                20
Trouva moyen et maniere et matiere,
D'ongles et dentz, de rompre la ratiere,
Dont maistre Rat eschappe vistement,
Puis mist à terre ung genoul gentement,
Et, en ostant son bonnet de la teste,                25
A mercié mille foys la grand Beste,
Jurant le Dieu des Souriz et des Ratz
Qu'il luy rendroit. Maintenant tu verras
Le bon du compte. Il advint d'aventure
Que le Lyon, pour chercher sa pasture,               30
Saillit dehors sa caverne et son siege,
Dont (par malheur) se trouva pris au piege,
Et fut lié contre ung ferme posteau.
   Adonc le Rat, sans scrpe ne coustcau,
Y arriva joyeulx et esbaudy,                          35
Et du Lyon (pour vray) ne s'est gaudy,
Mais despita Chatz, Chates et Chatons,
Et prisa fort Ratz, Rates et Ratons,
Dont il avoit trouvé temps favorable
Pour secourir le Lyon secourable                      40
Auquel a dit : tays toy, Lyon lié,
Par moy seras maintenant deslié :
Tu le vaulx bien, car le cueur joly as;
Bien y parut, quand tu me deslias.
Secouru m'as fort Lyonneusement;                     45
Ors secouru seras Rateusement.
   Lors le Lyon ses deux grands yeux vestit,
Et vers le Rat les tourna ung petit,

En luy disant : ô pauvre vermyniere,
Tu n'as sur toy instrument ne maniere,          50
Tu n'as cousteau, serpe ne serpillon
Qui sceust coupper corde ne cordillon,
Pour me getter de ceste estroicte voye.
Va te cacher, que le Chat ne te voye.
   Sire Lyon (dit le filz de Souris),        55
De ton propos (certes) je me soubris;
J'ay des cousteaulx assez, ne te soucie,
De bel os blanc, plus tranchant qu'une Cye;
Leur gaine, c'est ma gencive et ma bouche;
Bien coupperont la corde qui te touche       60
De si trespres, car j'y mettray bon ordre.
   Lors sire Rat va commencer à mordre
Ce gros lien; vray est qu'il y songea
Assez long temps; mais il le vous rongea
Souvent et tant qu'à la parfin tout rompt;     65
Et le Lyon de s'en aller fut prompt,
Disant en soy; nul plaisir (en effect)
Ne se perdt point, quelcque part où soit faict.
Voyla le compte en termes rimassez :
Il est bien long, mais il est vieil assez,     70
Tesmoing Esope et plus d'ung million.
   Or viens me veoir pour faire le Lyon;
Et je mettray peine, sens et estude
D'estre le Rat, exempt d'ingratitude;
J'entends, si Dieu te donne autant d'affaire    75
Qu'au grant Lyon, ce qu'il ne vueille faire.

Composé en 1526, ce poème fut adressé par Marot à son ami Lyon Jamet.

(2) Est-ce une allusion au fait que sa mésaventure est due à une dénon-
ciation par la femme qu'il avait aimée ?   (4) Allusion au désastre de Pavie
en 1525.  (6) Allusion possible à la captivité de François I après sa défaite
par Charles Quint à la bataille de Pavie.  (8) prou—assez; si—pourtant
(16) Allusion au(x) théologien(s) qui avai(en)t condamné Marot.  (18)
ung lieu—la prison du Châtelet  (20) Grue—symbole de stupidité lente
(26) mercié—remercié (28) qu'il le lui rendrait (36) gaudy—moqué
(37) despita—nargua (38) prisa—estima (47) baissa les paupières (49)
vermynière—vermisseau (58) Cye—scie (76) On ne sait pas quel fut
le rôle exact de Jamet dans la libération de Marot. Est-ce que le poème à lui
adressé fut écrit à la prison du Châtelet ou composé après coup ? De toute
façon c'est l'évêque de Chartres qui a obtenu la libération de Marot.

## A UN POETE IGNORANT

Qu'on meine aux champs ce coquardeau,
Lequel gaste, quand il compose,
Raison, mesure, texte, et glose,
Soit en ballade ou en rondeau.

Il n'a cervelle ne cerveau,                                        5
C'est pourquoy si hault crier j'ose :
Qu'on meine aux champs ce coquardeau.

S'il veult rien faire de nouveau,
Qu'il œuvre hardiment en Prose,
(J'entens s'il en sçait quelque chose)                            10
Car en Rime ce n'est qu'un veau
      Qu'on meine aux champs.

Ce rondeau fut composé en 1526.

(1) coquardeau—sot vaniteux  (9) œuvre—travaille  (11) un veau—une bête

## DE FRERE LUBIN

Pour courir en poste à la ville,
Vingt fois, cent foys, ne sçay combien;
Pour faire quelque chose vile,
Frere Lubin le fera bien;
Mais d'avoir honneste entretien,                                  5
Ou mener vie salutaire,
C'est à faire à un bon chrestien.
Frere Lubin ne le peult faire.

Pour mettre, comme un homme habile,
Le bien d'autruy avec le sein,                                    10
Et vous laisser sans croix ne pile,
Frere Lubin le fera bien;
On a beau dire : je le tien,
Et le presser de satisfaire,
Jamais ne vous en rendra rien,                                    15
Frere Lubin ne le peult faire.

Pour desbaucher par un doulx stile
Quelque fille de bon maintien,

Point ne fault de Vieille subtile,
Frere Lubin le fera bien;                    20
Il presche en theologien,
Mais pour boire de belle eau claire,
Faictes la boire à vostre chien,
Frere Lubin ne le peult faire.

### ENVOY

Pour faire plus tost mal que bien,             25
Frere Lubin le fera bien;
Et si c'est quelque bon affaire,
Frere Lubin ne le peult faire.

Cette ballade fut composée en 1526. Le surnom de Frère Lubin était habitu-ellement donné à tous les moines mendiants.

(1) en poste—vite, rapidement     (11) Les pièces de monnaie portaient sur la *face* une croix.

## DE SA GRANDE AMYE

Dedans Paris, ville jolie,
Un jour, passant mélancolie,
Je prins alliance nouvelle
A la plus gaye damoyselle
Qui soit d'icy en Italie.                       5

D'honnesteté elle est saisie,
Et croy, selon ma fantaisie,
Qu'il n'en est guères de plus belle
        Dedans Paris.

Je ne la vous nommeray mye,              10
Sinon que c'est ma grand'amye;
Car l'alliance se feit telle
Par un doulx baiser que j'eus d'elle,
Sans penser aucune infamie,
        Dedans Paris.

Ce poème fut composé en 1526.

(2) passant—dépassant, surmontant     (3) prins—pris     (12) telle—à cette condition

# D'ANNE QUI LUY JECTA DE LA NEIGE

Anne par jeu me jecta de la neige,
Que je cuidoys froide, certainement :
Mais c'estoit feu, l'expérience en ay je,
Car embrasé je fus soudainement.
    Puis que le feu loge secrètement                    5
Dedans la neige, où trouveray je place
Pour n'ardre point ? Anne, ta seule grace
Estaindre peult le feu que je sens bien,
Non point par eau, par neige ne par glace,
Mais par sentir un feu pareil au mien.                  10

Cette épigramme fut composée en 1526.

(2) cuidoys—croyais   (7) ardre—brûler

# AU ROY
## POUR AVOIR ESTÉ DESROBÉ

On dit bien vray, la maulvaise Fortune
Ne vient jamais, qu'elle n'en apporte une
Ou deux ou trios avecques elle (Sire).
Vostre cueur noble en sçauroit bien que dire;
Et moy, chetif, qui ne suis Roy ne rien,                5
L'ay esprouvé. Et vous compteray bien,
Si vous voulez, comment vint la besongne.
    J'avois ung jour ung Valet de Gascongne,
Gourmant, Yvroigne, et asseuré Menteur,
Pipeur, Larron, Jureur, Blasphemateur,                  10
Sentant la Hart de cent pas à la ronde,
Au demeurant, le meilleur filz du Monde,
Prisé, loué, fort estimé des Filles
Par les Bourdeaux, et beau Joueur de Quilles.
    Ce venerable Hillot fut adverty                     15
De quelcque argent que m'aviez departy,
Et que ma Bourse avoit grosse apostume;
Si se leva plustost que de coustume,
Et me va prendre en tapinoys icelle,
Puis la vous mist tresbien soubz son Esselle           20

Argent et tout (cela se doit entendre).
Et ne croy point que ce fust pour la rendre,
Car oncques puis n'en ay ouy parler.
  Brief, le Villain ne s'en voulut aller
Pour si petit; mais encor il me happe                              25
Saye et Bonnet, Chausses, Pourpoinct et Cappe;
De mes Habitz (en effect) il pilla
Tous les plus beaux, et puis s'en habilla
Si justement, qu'à le veoir ainsi estre,
Vous l'eussiez prins (en plein Jour) pour son Maistre.   30
  Finablement, de ma Chambre il s'en va
Droit à l'Estable, où deux Chevaulx trouva;
Laisse le pire, et sur le meilleur monte,
Picque et s'en va. Pour abreger le compte,
Soiez certain qu'au partir dudict lieu                             35
N'oublya rien, fors à me dire Adieu.
  Ainsi s'en va, chastoilleux de la gorge,
Ledict Valet, monté comme ung sainct George,
Et vous laissa Monsieur dormir son saoul,
Qui au resveil n'eust sceu finer d'un soul.                        40
Ce Monsieur là (Sire) c'estoit moymesme,
Qui, sans mentir, fuz au Matin bien blesme,
Quand je me vy sans honneste vesture,
Et fort fasché de perdre ma monture;
Mais de l'argent que vous m'aviez donné,                           45
Je ne fuz point de la perdre estonné;
Car vostre argent (tresdebonnaire Prince)
Sans point de faulte est subject à la pince.
  Bien tost apres ceste fortune là,
Une aultre pire encores se mesla                                   50
De m'assaillir, et chascun jour me assault,
Me menassant de me donner le sault,
Et de ce sault m'envoyer à l'envers
Rymer soubz terre et y faire des Vers.
  C'est une lourde et longue maladie                               55
De troys bons moys, qui m'a toute eslourdie
La pauvre teste, et ne veult terminer,
Ains me contrainct d'apprendre à cheminer,
Tant affoibly m'a d'estrange maniere;
Et si m'a faict la cuisse heronniere,                              60
L'estomac sec, le Ventre plat et vague;

Quand tout est dit, aussi maulvaise bague
(Ou peu s'en fault) que femme de Paris,
Saulve l'honneur d'elles et leurs Maris.
   Que diray plus ? Au miserable corps                    65
(Dont je vous parle) il n'est demouré fors
Le pauvre esprit, qui lamente et souspire,
Et en pleurant tasche à vous faire rire.
   Et pour aultant (Sire) que suis à vous,
De troys jours l'ung viennent taster mon poulx          70
Messieurs Braillon, Le Coq, Akaquia,
Pour me garder d'aller jusque à quia.
   Tout consulté, ont remis au Printemps
Ma guerison; mais, à ce que j'entends,
Si je ne puis au Printemps arriver,                     75
Je suis taillé de mourir en Yver,
Et en danger (si en Yver je meurs)
De ne veoir pas les premiers Raisins meurs.
   Voila comment, depuis neuf moys en ça,
Je suis traicté. Or, ce que me laissa                   80
Mon Larronneau (long temps a) l'ay vendu,
Et en Sirops et Julez despendu;
Ce neantmoins, ce que je vous en mande,
N'est pour vous faire ou requeste ou demande :
Je ne veulx point tant de gens ressembler              85
Qui n'ont soucy aultre que d'assembler;
Tant qu'ilz vivront, ilz demanderont, eulx;
Mais je commence à devenir honteux,
Et ne veulx plus à voz dons m'arrester.
   Je ne dy pas, si voulez rien prester,                90
Que ne le preigne. Il n'est point de Presteur
(S'il veult prester) qui ne fasse ung Debteur.
Et sçavez vous (Sire) comment je paye ?
Nul ne le sçait, si premier ne l'essaye.
Vous me debvrez (si je puis) de retour,                95
Et vous feray encores ung bon tour;
A celle fin qu'il n'y ayt faulte nulle,
Je vous feray une belle Cedulle,
A vous payer (sans usure il s'entend)
Qaund on verra tout le Monde content :                 100
Ou (si voulez) à payer ce sera,
Quand vostre Loz et Renom cessera.

Et si sentez que soys foible de reins
Pour vous payer, les deux Princes Lorrains
Me plegeront. Je les pense si fermes                                    *105*
Qu'ilz ne fauldront pour moy à l'ung des termes.
Je sçay assez que vous n'avez pas peur
Que je m'enfuie ou que je soys trompeur;
Mais il faict bon asseurer ce qu'on preste.
Brief, vostre paye (ainsi que je l'arreste)                            *110*
Est aussi seure, advenant mon trepas,
Comme advenant que je ne meure pas.
    Advisez donc si vous avez desir
De rien prester : vous me ferez plaisir,
Car puis ung peu j'ay basti à Clement,                                 *115*
Là où j'ay faict ung grand desboursement,
Et à Marot, qui est ung peu plus loing;
Tout tumbera, qui n'en aura le soing.
    Voila le poinct principal de ma Lettre;
Vous sçavez tout, il n'y fault plus rien mettre.                       *120*
Rien mettre ? Las ! Certes, et si feray,
Et ce faisant, mon stile j'enfleray,
Disant; O Roy amoureux des neufz Muses,
Roy en qui sont leurs sciences infuses,
Roy plus que Mars d'honneur environné,                                 *125*
Roy le plus Roy qui fut oncq couronné,
Dieu tout puissant te doint (pour t'estrener)
Les quatre Coings du Monde gouverner,
Tant pour le bien de la ronde Machine,
Que pour aultant que sur tous en es digne.                             *130*

Cette épître, composée vers la fin de l'an 1531, fut présentée au roi le premier janvier, 1532.

(2) qu'—sans qu'   (4) Allusion à la défaite de Pavie et à la captivité du roi.   (10) Pipeur—trompeur   (11) la Hart—la corde de potence   (14) Bourdeaux—bordels; Joueur de Quilles—une référence équivoque   (15) Hillot—garçon (Gascon)   (16) De quelcque argent—*De cent escuz*, dans quelques manuscrits. Marot reçut 100 écus du roi le 13 février, 1532, somme qui constitue clairement la restitution du vol.   (23) Car jamais depuis je n'en ai entendu parler. (26) Saye—manteau court   (37) Il craignait la hart, la corde des justes pendaisons.   (40) n'eût pu payer un sou   (48) Allusion aux scandales des vols dont le trésor royal était victime.   (54) Rymer —faire des rimes, geler; Vers—poèmes, vers de terre   (56) La maladie a

duré trois mois et elle a été suivie d'une convalescence difficile dont il n'est pas encore sorti. (58) Ains—Mais (71) Louis Braillon, Guillaume Lecoq, Martin Akakia, médecins du roi. (72) aller jusque à quia—mourir (*à quia*—terme d'argumentation scolastique qui désigne la mauvaise position de celui qui se trouve à court d'arguments) (104) Claude de Lorraine, duc de Guise et Jean, Cardinal de Lorraine (118) si quelqu'un n'en a pas soin (130) Que pour aultant que—Parce que

### EPISTRE AU ROY
### DU TEMPS DE SON EXIL A FERRARE

Je pense bien que ta magnificence,
Souverain Roy, croyra que mon absence
Vient par sentir la coulpe qui me poinct
D'aulcun mesfaict, mais ce n'est pas le poinct.
Je ne me sens du numbre des coulpables;                          5
Mais je sçay tant de Juges corrumpables
Dedans Paris, que, par pecune prise,
Ou par amys, ou par leur entreprise,
Ou en faveur et charité piteuse
De quelcque belle humble solliciteuse,                          10
Ilz saulveront la vie orde et immonde
Du plus meschant et criminel du monde;
Et au rebours, par faulte de pecune,
Ou de support ou par quelque rancune,
Aux innocentz ilz sont tant inhumains                           15
Que content suys ne tomber en leurs mains.
Non pas que tous je les mette en ung compte;
Mais la grand' part la meilleure surmonte.
Et tel mérite y estre authorisé,
Dont le conseil n'est ouy ne prisé.                             20
Suyvant propos, trop me sont ennemys
Pour leur Enfer, que par escript j'ay mys,
Où quelcque peu de leurs tours je descœuvre :
Là me veult on grand mal pour petite œuvre.
Mais je leur suys encor plus odieux                             25
Dont je l'osay lire devant les yeulx
Tant clairvoyants de ta Majesté haulte,
Qui a pouvoir de refformer leur faulte.
Brief, par effect, voyre par foys diverses,
Ont declairé leurs voluntez perverses                           30

Encontre moy; mesmes ung jour ilz vindrent
A moy malade, et prisonnier me tindrent,
Faisant arrest sus un homme arresté
Au lict de mort, et m'eussent pis traicté,
Si ce ne fust ta grand' bonté, qui à ce                          35
Donna bon ordre avant que t'en priasse,
Leur commandant de laisser choses telles,
Dont je te rends graces très immortelles.
    Aultant comme eulx sans cause qui soit bonne,
Me veult de mal l'ignorante Sorbonne :                           40
Bien ignorante elle est d'estre ennemye
De la trilingue et noble Academie
Qu'as erigée. Il est tout manifeste,
Que là dedans, contre ton vueil céleste,
Est deffendu qu'on ne voyse allegant                             45
Hebrieu ny Grec, ny Latin elegant,
Disant que c'est langage d'heretiques.
O pauvres gens, de sçavoir tous étiques,
Bien faictes vray, ce proverbe courant :
Science n'a hayneux que l'ignorant.                              50
    Certes, ô Roy, si le profond des cueurs
On veult sonder de ces sorboniqueurs,
Trouvé sera que de toy ilz se deulent.
Comment, douloir ? Mais que grand mal te veulent
Dont tu as faict les lettres et les artz                         55
Plus reluysants que du temps des Cesars;
Car leurs abus voit on en façon telle.
C'est toy qui as allumé la chandelle
Par qui mainct œil voit maincte verité
Qui soubz espesse et noire obscurité                             60
A faict tant d'ans icy bas demeurance;
Et qu'est il rien plus obscur qu'ignorance ?
    Eulx et leur court, en absence et en face
Par plusieurs foys m'ont usé de menace,
Dont la plus doulce estoit en criminel                           65
M'executer. Que pleust à l'Eternel,
Pour le grand bien du peuple desolé,
Que leur desir de mon sang fust saoulé
Et tant d'abus dont ilz se sont munis
Fussent à clair descouverts et punis!                            70
O quatre fois et cinq fois bien heureuse

La mort, tant soit cruelle et rigoureuse,
Qui feroit seule ung million de vies
Soubz telz abus n'estre plus asservies !
   Or à ce coup il est bien evident      75
Que dessus moy ont une vieille dent,
Quand, ne pouvant crime sur moy prouver,
Ont trèsbien quis, et trèsbien sceu trouver
Pour me fascher, briefve expedition
En te donnant maulvaise impression      80
De moy, ton serf, pour apres à leur ayse
Mieulx mettre à fin leur volunté maulvaise;
Et, pour ce faire, ilz n'ont certes eu honte
Faire courir de moy vers toy maint compte,
Avecques bruict plein de propos menteurs,      85
Desquelz ilz sont les premiers inventeurs.
De Lutheriste ilz m'ont donné le nom :
Qu'à droict ce soit, je leur respondz que non.
Luther pour moy des cieulx n'est descendu,
Luther en croix n'a poinct esté pendu      90
Pour mes pechez, et, tout bien advisé,
Au nom de luy ne suis point baptizé :
Baptizé suis au nom qui tant bien sonne
Qu'au son de luy le Pere eternel donne
Ce que l'on quiert : le seul nom soubs les cieulx      95
En et par qui ce monde vicieux
Peult estre sauf; le nom tant fort puissant
Qu'il a rendu tout genouil fleschissant,
Soit infernal, soit celeste ou humain;
Le nom par qui du seigneur Dieu la main      100
M'a preservé de ces grandz loups rabis
Qui m'espioient dessoubs peaulx de brebis.
   O Seigneur Dieu, permettez moy de croire
Que reservé m'avez à vostre gloire.
Serpens tortus et monstres contrefaicts,      105
Certes, sont bien à vostre gloire faicts.
Puis que n'avez voulu donc condescendre
Que ma chair vile ayt esté mise en cendre,
Faictes au moins tant que seray vivant,
Qu'à vostre honneur soit ma plume escrivant;      110
Et si ce corps avez predestiné
A estre un jour par flamme terminé,

Que ce ne soit au moins pour cause folle,
Ainçoys pour vous et pour vostre parolle;
Et vous supply, père, que le tourment                    *115*
Ne luy soit pas donné si vehement
Que l'ame vienne à mettre en oubliance
Vous, en qui seul gist toute sa fiance;
Si que je puisse, avant que d'assoupir,
Vous invoquer jusque au dernier souspir.                 *120*
   Que dy je ? Où suis je ? O noble roy Françoys,
Pardonne moy, car ailleurs je pensois.
   Pour revenir doncques à mon propos,
Rhadamanthus avecques ses suppostz
Dedans Paris, combien que fusse à Bloys,                 *125*
Encontre moy faict ses premiers exploicts,
En saysissant de ses mains violentes
Toutes mes grandz richesses excellentes
Et beaulx tresors d'avarice delivres,
C'est asçavoir, mes papiers et mes livres              *130*
Et mes labeurs. O juge sacrilège,
Qui t'a donné ne loy ne privilege
D'aller toucher et faire tes massacres
Au cabinet des sainctes Muses sacres ?
Bien est il vray que livres de deffense                  *135*
On y trouva; mais cela n'est offense
A un poëte, à qui on doit lascher
La bride longue, et rien ne luy cacher,
Soit d'art magic, nécromance ou cabale;
Et n'est doctrine escripte ne verbale                    *140*
Qu'un vray poëte au chef ne deust avoir,
Pour faire bien d'escrire son devoir.
   Sçavoir le mal est souvent proffitable,
Mais en user est tousjours evitable.
Et d'autre part, que me nuist de tout lire ?             *145*
Le grand donneur m'a donné sens d'eslire
En ces livretz tout cela qui accorde
Aux sainctz escriptz de grace et de concorde,
Et de jecter tout cela qui differe
Du sacré sens, quand près on le confere;                 *150*
Car l'Escripture est la touche où l'on treuve
Le plus hault or. Et qui veult faire espreuve
D'or quel qu'il soit, il le convient toucher

A ceste pierre, et bien près l'approcher
De l'or exquis, qui tant se faict paroistre,                    *155*
Que, bas ou hault, tout aultre faict congnoistre.

Ce poème fut composé en 1535.

(5) C'est-à-dire des protestants responsables de l'affichage des placards dans
l'Affaire des Placards. (18) Bien qu'il y ait des hommes honnêtes parmi
les juges, ils formeront une minorité insignifiante. (19) C'est-à-dire avoir
de l'autorité. (21) Suyvant propos—Pour continuer (22) Une référence
à *L'Enfer* qui circulait d'abord en manuscrit. (40) La Sorbonne essaya
une deuxième fois de faire emprisonner Marot qui fut sauvé par la Reine
de Navarre et par François I. (42) Le Collège des lecteurs royaux (plus
tard Collège Royal, puis Collège de France) fondé par François I en 1529.
(46) C'est-à-dire latin classique. (50) L'ignorant seul déteste la science.
(78) quis—cherché (124) Le lieutenant criminel de la Prévôté de Paris à
qui Marot donne le nom d'un juge de l'enfer (156) Le poème comporte
59 vers de plus.

## LE DIEU GARD DE MAROT A LA COURT

Vienne la mort quand bon luy semblera,
Moins que jamais mon cueur en tremblera,
Puis que de Dieu je reçoy ceste grace
De veoir encor de Monseigneur la face.
Ha ! mal parlans, ennemys de vertu,                            5
Totallement me disiez desvestu
De ce grand bien : vostre cueur endurcy
Ne congneut onc ne pitié ne mercy;
Pourtant avez semblable à vous pensé
Le plus doulx Roy qui fut onc offensé;                         10
C'est luy, c'est luy, France, royne sacrée,
C'est luy qui veult que mon œil se recrée,
Comme souloit, en vostre doulx regard.
Or je vous voy, France, que Dieu vous gard' !
Depuis le temps que je ne vous ay veue,                        15
Vous me semblez bien amendée et creue,
Que Dieu vous croisse encore plus prospère !
Dieu gard' Françoys, vostre cher filz et père,
Le plus puissant en armes et science
Dont ayez eu encore expérience.                                20

Dieu gard' la royne Eléonor d'Autriche,
D'honneur, de sens et de vertuz tant riche.
Dieu gard' du dard mortifère et hydeux
Les filz du Roy, Dieu nous les gard' tous deux.
     O que mon cueur est plein de deuil et d'ire,        25
De ce que plus les trois je ne puis dire;
Dieu gard' leur sœur, la Marguerite pleine
De dons exquis. Ha ! Royne Magdeleine,
Vous nous lairrez : bien vous puis (ce me semble)
Dire Dieu gard' et adieu tout ensemble.        30
     Pour abréger : Dieu gard' le noble reste
Du royal sang, origine céleste;
Dieu gard' tous ceux qui pour la France veillent,
Et pour son bien combatent et conseillent.
     Dieu gard' la court des dames où abonde        35
Toute la fleur et l'élite du monde.
Dieu gard' en fin toute la fleur de lys,
Lime et rabot des hommes mal polys.
     Or sus avant, mon cueur, et vous, mes yeulx !
Tous d'un accord dressez-vous vers les cieulx        40
Pour gloyre rendre au pasteur debonnaire
D'avoir tenu en son parc ordinaire
Cest brebis esloignée en souffrance.
Remerciez ce noble roy de France,
Roy plus esmeu vers moy de pitié juste        45
Que ne fut pas envers Ovide Auguste

        \*     \*     \*     \*

Doy-je finir l'elégie présente
Sans qu'un Dieu gard' encore je présente ?        70
Non; mais à qui ? puis que Françoys pardonne
Tant et si bien qu'à tous exemple il donne,
Je dy Dieu gard' à tous mes ennemys,
D'aussi bon cueur qu'à mes plus chers amys.

Ce poème, addressé à François I, fut composé en 1537.

(9) Vous avez supposé semblable à vous    (13) Comme il avait coûtume
(16) creue—grandie    (21) Eléonore d'Autriche, sœur de Charles Quint que
François avait épousée en 1530 après la mort de Claude de France.    (26)
Le dauphin était mort en 1536.    (27) Marguerite de France (1523–1574)
qui épousa le duc de Savoie en 1559.    (28) Magdeleine (1520–1537),

fille de François I, épousa Jacques Stuart, roi d'Ecosse, en 1537. Elle mourut
peu après.   (29) lairrez—quitterez

## PSEAUME XXIII

Mon Dieu me paît sous sa puissance haute,
C'est mon berger, de rien je n'aurai faute,
En toit bien seur, joignant les beaux herbages,
Coucher me fait, me meine aux clairs rivages,
Traite ma vie en douceur tres humaine,                          5
Et pour son Nom par droits sentiers me meine.
Si seurement que quand au val viendroye
D'ombre de mort rien de mal ne craindroye :
Car avec moi tu es à chacune heure;
Puis ta houlette et conduite m'asseure :                        10
Tu enrichis de vivres necessaires,
Ma table aux yeux de tous mes adversaires,
Tu oints mon chef d'huiles et senteurs bonnes,
Et jusqu'aux bords pleine tasse me donnes :
Voire et feras que cette faveur tienne;                         15
Tant que vivrai compagnie me tienne :
Si que toûjours de faire ai esperance,
En la maison du Seigneur demeurance.

# L'ÉCOLE DE LYON

MANY CRITICS would say that it is inaccurate to speak of a "school" of poets at Lyon, but all agree on the importance of the city in spreading Italian culture in the first half of the sixteenth century. This was in part the result of the military campaigns of Charles VIII (Naples, 1494) and Louis XII (Milan, 1499), though Lyon was a centre of Italian studies long before that.

By royal decree, Lyon was permitted to have four annual fairs each lasting twenty days. At them, merchants from all over Europe offered their wares, for the most part without annoying taxes. Currencies of all sorts were accepted as legal tender and from these early international financial negotiations Lyon established itself as an important banking centre (cf. the *Crédit Lyonnais*).

In the wake of the fairs, the silk industry and the book-printing trade flourished. Lyon had been given a royal monopoly on the production and weaving of silk in imitation of the Italians and books were published in the city as early as 1473. It was at Lyon in 1502 that the elegant new printers' type known as *Italic* was introduced into France in imitation of that invented by Alde Manuce in Venice in 1501. Rabelais, of course, printed his *Pantagruel* in Lyon for the autumn fair of 1532 and throughout the century the city was an important centre of publication, far enough away from the Sorbonne to escape the close surveillance which harried Parisian printers.

Many important literary figures lived in Lyon at one time or another. In addition to Rabelais, who was a doctor at the Hôtel Dieu for some years, Marot, Jacques Peletier, and Pontus de Tyard spent time there. Under François I and Henri II, the court often sojourned at Lyon and Marguerite de Navarre was particularly fond of the city. It was in 1548 for the formal entry of Henri II and Catherine de Médicis into Lyon that Maurice Scève was placed in charge of the elaborate festive arrangements.

Scève is the so-called leader of the Ecole de Lyon and the other poets whose names are usually linked with his are Pernette Du Guillet and Louise Labé. All were steeped in Italian culture as well as in the traditions of conventional French love poetry.

It is extremely difficult to sort out all the cross-currents which affect sixteenth-century poets in general and the Lyon poets in particular.

In addition to the tremendous prestige of Petrarch and his imitators, one has to reckon with the legacy of the courtly love poets, which was particularly important in the south of France. Indeed, the latter had affected Petrarch himself so that his influence in France can be described as a transmutation of an already existing tradition.

Without going into the question of the influence of classical literature in general, one must also consider the doctrines of neo-platonism; some of these doctrines had been known for a long time whereas others had developed from new translations of Plato's works or a study of the theories of the Italian platonists like Marsilio Ficino (1433–1499).

The problem is further complicated by the fact that many of the principles of the three cross-currents mentioned are similar: stylization and idealization of the loved one, the cult of honour, the intellectual approach to love.

All of these influences made themselves particularly felt at Lyon. This is reflected in the writings of the poets mentioned. The Lyon poets are an important link between Italy and the Pléiade, and Maurice Scève stands as the most substantial poet between Marot and Ronsard.

REFERENCES

JOSEPH AYNARD, *Les Poètes lyonnais précurseurs de la Pléiade* (Paris, Bossard, 1924).

ALBERT BAUR, *Maurice Scève et la Renaissance lyonnaise* (Paris, Champion, 1906).

R. V. MERRILL and R. J. CLEMENTS, *Platonism in French Renaissance Poetry* (New York, New York University Press, 1957).

# Maurice Scève

## (1501-1560[?])

IN CONTRAST TO MAROT, Maurice Scève is a highly erudite poet but he is extremely personal for all that. Born into a socially prominent Lyon family, he had an excellent education, probably completing a doctorate at an Italian university. As a student in Avignon in 1533, Scève claimed to have discovered the grave of Petrarch's Laura but the evidence is inconclusive.

In his native Lyon, Scève soon became the acknowledged leader of the intellectual set. In 1534 he published *La Flamete*, a translation of a Spanish novel by Juan de Flores and shortly afterwards started his major work, *La Délie*, which was inspired by his love for the poetess Pernette Du Guillet whom he met in 1536. The collection appeared in 1545, one year before the death of Pernette.

*La Délie* consists of 449 dizains with a huitain as a preface. These stanzas are separated by fifty emblems into groups of nine. Much has been written about the significance of the title *Délie* (an anagram of *l'idée*? a reference to Diana, the Delian goddess? a reference to poetic furor? or a commonplace poetic name for a mistress?) and the possible cabalistic significance of the arrangement of the stanzas ($449 = 5$ [introduction] $+ 7^2 \times 3^2 + 3$ [conclusion]). All this is speculation, and the only thing that can be said with certainty is that the work recounts the progress of Scève's love for Pernette Du Guillet as it evolves from physical passion to lofty idealization. Some of the dizains are relatively clear but many of them are obscure and extremely difficult to interpret. In content, Scève is influenced especially by Italian love poetry and in form by the *rhétoriqueurs*.

In *La Saulsaye*, 1547, written after the death of Pernette du Guillet, Scève describes the attractions of a solitary life and the beauties of nature. *Microcosme*, 1562, a grandiose epic in three books, narrates man's efforts and progress since the fall of Adam.

No documents have been found giving definite information about Scève's last years or his death, although there are legends about possible conversion to Protestantism, trips to Germany, and so on.

Scève's poetry was admired by his contemporaries but its difficulties were deplored, and after his death he was neglected for almost four centuries. Only recently has his work been studied carefully and compared for its hermetic beauty to that of Mallarmé. Scève makes sudden transitions which are hard to follow. He compresses his thought, and the startling juxtaposition of abstract ideas and concrete sensations expressed in a form that often defies grammatical analysis makes the study of his poetry an intellectual challenge. *La Délie* is today regarded as a masterpiece.

REFERENCES

V. L. SAULNIER, *Le Prince de la Renaissance lyonnaise, initiateur de la Pléiade : Maurice Scève*, 2 vols. (Paris, Klincksieck, 1948–1949).

Maurice Scève, *Délie, object de plus haute vertu,* critical edition, ed. Eugène Parturier, STFM (Paris, Hachette, 1916).
Maurice Scève, *Œuvres complètes,* ed. Bertrand Guégan (Paris, Garnier, 1927).

## LA DELIE

### LXXIX

L'Aulbe estaingnoit Estoilles à foison,
Tirant le jour des regions infimes,
Quand Apollo montant sur l'Orison
Des montz cornuz doroit les haultes cymes.
Lors du profond des tenebreux Abysmes,                          5
Où mon penser par ses fascheux ennuyz
Me fait souvent percer les longues nuictz,
Je revoquay à moy l'ame ravie :
Qui, dessechant mes larmoyantz conduictz,
Me feit cler veoir le Soleil de ma vie.                        10

### CXLVIII

Voy que l'Hyver tremblant en son sejour,
Aux champs tous nudz sont leurs arbres failliz.
Puis le Printemps ramenant le beau jour,
Leur sont bourgeons, fueilles, fleurs, fruictz sailliz :
   Arbres, buissons, et hayes, et tailliz          5
Se crespent lors en leur gaye verdure.
   Tant que sur moy le tien ingrat froit dure,
Mon espoir est denué de son herbe :
Puis retournant le doulx Ver sans froidure
Mon An se frise en son Avril superbe.                          10

(9) Ver—printemps

### CCCXXI

Lors que le Linx de tes yeulx me penetre
Jusques au lieu, où piteusement j'ars,
Je sens Amour avec pleine pharetre
Descendre au fond pour esprouver ses arcs.
   Adonc, craingnant ses Magiciens arts,          5
L'Ame s'enfuit souffrir ne le povant.

Et luy vainqueur plus fier, qu'au paravant,
Pour le desgast le feu par tout allume,
Lequel ayant joye, et rys au devant
Ne monstre hors ce, qu'en moy il consume. 10

(3) pharetre—carquois

### CCCLXXVIII

La blanche Aurore à peine finyssoit
D'orner son chef d'or luisant, et de roses,
Quand mon Esprit, qui du tout perissoit
Au fons confus de tant diverses choses,
Revint à moy soubz les Custodes closes, 5
Pour plus me rendre envers Mort invincible.
　Mais toy, qui as (toy seule) le possible
De donner heur à ma fatalité,
Tu me seras la Myrrhe incorruptible
Contre les vers de ma mortalité. 10

(5) Custodes—courtines de lit

# Pernette Du Guillet
## (1520-1545)

BORN INTO a noble Lyon family about 1520, Pernette Du Guillet received
a solid humanistic education. She knew Italian, Spanish, Latin, and some
Greek and also played the lute well. After meeting Maurice Scève in
1536, she provided his poetic inspiration until her death, probably of
the plague in 1545. She was married to a certain Du Guillet in 1537 or
1538 but there is no evidence to support the view that she led the life
of a *cortegiano onesta*. Her affair with Scève may well have been platonic.

In her own poetry, published posthumously by Antoine du Moulin
in 1538, Pernette Du Guillet shows that she was well acquainted with
the traditions of courtly love, the doctrines of neo-platonism, and the
poetry of Petrarch and his followers as well as that of the school of Marot.
She is highly original, however, and emphasizes intellectual idealization.
Her poems are mostly inspired by her love for Scève whom she twice
names anagramatically (CE VICE SE MUERA). Since she loves someone

on a higher level than herself, this love is a challenge to intellectual growth. In the triumph of love, time, accidents, all that is transitory and unstable become unimportant and the passion in its intensity is able to surmount death itself. "Tout l'amour de Pernette revient à une idée : la Science, comme toutes ses images se ramènent à une impression générale : la Lumière" (V. L. Saulnier).

### REFERENCES

V. L. SAULNIER, "Etude sur Pernette Du Guillet et ses *Rymes,* avec des documents inédits," *Bibliothèque d'Humanisme et Renaissance* IV (1944), 7–119.
There is no modern edition of the complete poetry of Pernette Du Guillet. Editions were printed in Lyon in 1830, 1856, and 1864 but they are not readily available.

## RYMES

Comme le corps ne permect point de veoir,
A son esprit, ny sçavoir sa puissance :
Ainsi l'erreur, qui tant me faict avoir
Devant les yeulx le bandeau d'ignorance,
Ne m'a permis d'avoir la congnoissance                    5
De celuy là, que pour pres le chercher
Les Dieux avoient voulu le m'approcher.
Mais si hault bien ne m'a sceu apparoistre.
Parquoy à droict lon me peult reprocher,
Que plus l'ay veu, et moins l'ay sceu cognoistre.         10

*Epigramme* xi

Je te promis au soir, que pour ce jour
Je m'en irois à ton instance grande
Faire chés toy quelque peu de sejour :
Mais je ne puis : parquoy me recommande,
Te promectant m'acquicter pour l'amande,                  5
Non d'un seul jour, mais de toute ma vie,
Ayant tousjours de te complaire envie,
Donc te supply accepter le vouloir,
De qui tu as la pensée ravie,
Par tes vertus, ta grace, et ton sçavoir.                 10

*Epigramme* xix

# Louise Labé
## (1524-1566)

DAUGHTER OF A wealthy rope-maker, Louise Labé was born in Lyon about 1524. She received a humanistic education like Pernette Du Guillet and was fluent in Latin and Italian. She was also an accomplished musician and horsewoman and, as *capitaine Loys*, even took part in the *Tournoi de Perpignan* in 1542.

About 1540 Louise Labé married another rope-maker, Ennemond Perrin, and because of this marriage she is often called La Belle Cordière. She had a serious love affair with the poet Olivier de Magny but just what other liaisons before or after is not clear. Some critics regard her as a *cortegiana onesta* but others question whether she really was immoral.

At any rate, Louise Labé first published her poetry in 1555: a dedicatory epistle, the *Débat de folie et d'amour* (five discourses), three elegies and twenty-four love sonnets (one Italian). The merit of her poetry lies in its intensity, its spontaneity, and its ardent sincerity — "les plus beaux vers passionnés du monde," according to the critic Faguet.

REFERENCES

DOROTHY O'CONNOR, *Louise Labé, sa vie et son œuvre* (Paris, Les Presses françaises, 1926).
ENZO GIUDICI, "Note e appunti in margine a Louise Labé," *Studi francesi* I (1958), 83–7.
The works of Louise Labé are frequently reprinted but the standard scholarly edition is that of Charles Boy (Paris, Lemerre, 1887) in two volumes.

## SONNETS

### XIV

Tant que mes yeus pourront larmes espandre,
A l'heur passé avec toy regretter,
Et qu'aus sanglots et soupirs resister
Pourra ma voix, et un peu faire entendre :       4

Tant que ma main pourra les cordes tendre
Du mignart Lut, pour tes graces chanter :
Tant que l'esprit se voudra contenter
De ne vouloir rien fors que toy comprendre;       8

Je ne souhaitte encore point mourir.
Mais quand mes yeux je sentiray tarir,
Ma voix cassée, et ma main impuissante,                    *11*

Et mon esprit en ce mortel sejour
Ne pouvant plus montrer signe d'amante :
Priray la Mort noircir mon plus cler jour.                 *14*

### XVII

Je fuis la vile, et temples, et tous lieus
Esquels prenant plaisir à t'ouir pleindre
Tu peus, et non sans force, me contreindre
De te donner ce qu'estimois le mieus.                      *4*

Masques, tournois, jeus me sont ennuieus,
Et rien sans toy de beau ne me puis peindre :
Tant que tachant à ce desir esteindre,
Et un nouvel obget faire à mes yeux,                       *8*

Et des pensers amoureus me distraire,
Des bois espais sui le plus solitaire :
Mais j'aperçoy, ayant erré maint tour,                     *11*

Que si je veus de toy estre delivre
Il me convient hors de moymesme vivre,
Ou fais encor que loin sois en sejour.                     *14*

### XXIV

Ne reprenez, Dames, si j'ay aymé :
Si j'ay senti mile torches ardentes,
Mile travaus, mile douleurs mordantes :
Si en pleurant j'ay mon tems consumé,                      *4*

Las que mon nom m'en soit par vous blamé.
Si j'ay failli, les peines sont presentes,
N'aigrissez point leurs pointes violentes :
Mais estimez qu'Amour, à point nommé                       *8*

Sans votre ardeur d'un Vulcan excuser
Sans la beauté d'Adonis acuser,
Pourra, s'il veut, plus vous rendre amoureuses :           *11*

En ayant moins que moi d'ocasion,
Et plus d'estrange et forte passion.
Et gardez vous d'estre plus malheureuses.                  *14*

# LA PLÉIADE

THE CONCEPT OF the Pléiade was Ronsard's invention and here, as elsewhere, he was imitating classical tradition. The original Pléiade was, of course, a group of seven sisters transformed according to Greek mythology into a constellation, but the term had already been used to describe an important school of poets in Alexandria and this is the reference which Ronsard wishes to evoke. Right from the beginning he is the arbiter, the legislator, the acknowledged chief of the group.

Before 1553 Ronsard referred to himself and his companion poets as *La Brigade*, a colloquial and distinctly inelegant appellation compared to that of *La Pléiade*. The original group of seven included, besides himself, Du Bellay, Baïf, Pontus de Tyard, Jodelle, Guillaume des Autels, and Jean de La Péruse. In 1555 Ronsard replaced Des Autels by Jacques Peletier and in 1556 he hailed Belleau as the seventh star of the Pléiade, presumably to replace Jean de La Péruse who had died in 1554. In 1585, not long before his death, Ronsard replaced Peletier with Dorat, perhaps because of Peletier's death in 1582, although other poets no longer living by then included Du Bellay, Belleau, and Jodelle. The traditional list of the Pléiade now always includes Dorat but one must also take into account Peletier who was for about thirty years closely associated with the group. In any case, it is very difficult to say much about the poetry of Jean Dorat (1508–1588). A good deal of it is incidental verse in Latin and Greek written to appear in volumes published by his pupils and disciples. Dorat seems to have been an admirable critic and mentor without producing any really significant works himself.

It would be impossible to give a brief account of the importance of the work of the members of the Pléiade. In the years 1550 to 1575 they produced profound changes in French poetry which prepared the way for Malherbe and classical doctrine. To appreciate their innovations one would have to consider their theories as expressed in critical prefaces, the forms they adapted to French verse (ode, sonnet, églogue, hymne), their prosody, and in particular their predominant role in imposing the use of the Alexandrine verse. In all of this, their study of Greek and Roman classics is fundamental but their interests and their culture were incredibly far-ranging.

The Pléiade is the first really influential group of modern French poets. By considering what each of them did, we can get a general idea of the significance of the group as a whole.

REFERENCES

HENRY CHAMARD, *Histoire de la Pléiade*, 4 vols. (Paris, Didier, 1939–1940).
R. J. CLEMENTS, *Critical Theory and Practice of the Pléiade* (Cambridge, Mass., Harvard University Press, 1942).

# Pierre de Ronsard
## (1524-1585)

RONSARD WAS BORN at La Possonnière in Vendôme near the edge of the forest of Gastine. He attended the Collège de Navarre for a few months in 1533 but was soon withdrawn by his father who had formed other plans for the boy. In 1536 Ronsard became a page in the royal household, serving the Dauphin and Prince Charles and then the Princess Madeleine whom he accompanied to Scotland when she married James V in 1537. After his return to France in 1538, Ronsard went with various official missions to Holland, Scotland, and Alsace and he probably would have followed a diplomatic career except for a severe illness which weakened his constitution and left him partially deaf.

In 1540 Ronsard took a post as secretary to Lazare de Baïf, a distant relative, and it was when he was with him in Le Mans in 1543 that he was tonsured. At that time he met the Bishop's secretary, Jacques Peletier, who seems to have encouraged him to turn to poetry as a career. Ronsard then started to study Greek and Latin seriously, sharing the lessons which Lazare de Baïf's son Jean Antoine was receiving from the humanist Jean Dorat. After the death of Lazare de Baïf in 1547 Ronsard went to the Collège de Coqueret with Dorat, who became its principal, and continued intensive studies in Greek, Latin, and Italian.

Ronsard's first published volume of poetry (1550) consisted of four books of odes, a classical genre which he introduced into French. In 1552 this was followed by a fifth book of odes and a collection of sonnets, the so-called *Amours de Cassandre*, inspired by Cassandre Salviati whom Ronsard had met in 1545 or 1546. These were Petrarchan in style, conventional in tone, and often excessively erudite. An augmented edition of these first *Amours* appeared in 1553, the same year as an anonymous collection of sensual *Folastries*, which were perhaps intended as proof that the poet could be frankly hedonistic if he wished. From his début as a poet, there is scarcely a year when Ronsard did not publish some new poetry along with augmented and revised editions of earlier collections. For a comprehensive view of his intense activity, it is necessary to turn to a bibliography of his works.

In 1554 and 1555 he published a *Bocage*, some *Mélanges*, and a *Continuation des Amours* known as the *Amours de Marie*. These were possibly inspired by a simple young Angevine girl named Marie Dupin, but in any case they show a Ronsard who is much more natural and passionately in love. The group of sonnets *Sur la mort de Marie* was added in 1578 and although they fit into the tradition (Petrarch on the death of Laura, and so on), they were actually written to commemorate the death of the Princess Marie de Clèves who was loved by Henri III.

In 1555 and 1556 Ronsard published two books of *Hymnes*, rather lengthy poems on elevated subjects and not to be confused with religious hymns although some of the poems do deal with religious or philosophic themes.

From 1556 to 1558 Ronsard spent most of his time away from the court, probably working at a variety of projects and preparing material for the first collected edition of his works, which appeared in 1560. This was only the first of seven such editions, the last of which was published posthumously in 1586.

After his return to the court, Ronsard took a very active part in political affairs. In 1562 he published his *Institution pour l'adolescence du roy Charles IX*, a lofty *programme d'études* for the young king who had succeeded to the throne in 1560 at the age of ten, as well as the *Discours des misères de ce temps* and the *Remonstrance au peuple de France*. Ronsard had exposed himself to the polemics of the Religious Wars and he answered some of the criticisms of militant Protestants in particular in the *Responce aux injures et calomnies de quelques ministres* in 1563.

Ronsard had been hoping for some official recognition of his services such as an abbey or other ecclesiastical benefice. Like Desportes and so many other tonsured poets of the period he was eligible for such endowments even though he was not, strictly speaking, a priest. The only operative condition for this status (in name at any rate) was celibacy. Ronsard's wishes were granted when he acquired the Abbey of St. Cosme in 1564 and that of Croixval in 1566. It was at St. Cosme that he received Charles IX and his mother, Catherine de Médicis, in 1565 and received encouragement from the young monarch to proceed with the grandiose epic which he had been dreaming about for ten years. After publishing his *Elégies, Mascarades et Bergeries* in 1565, Ronsard spent the next four years in relative seclusion at St. Cosme working on *La Franciade* with his secretary Amadis Jamyn.

The first four books of *La Franciade* were published in 1572 but the poem was never completed. Its failure has been attributed to a number of causes: too long a period of gestation, an artificial subject not ideally suited to treatment in French, excessive erudition, the use of restrictive decasyllabic verse (perhaps at the insistence of Charles IX) when Ronsard had already polished the Alexandrine to the point of perfection. Whatever the reasons, the poem was not a success and Ronsard was bitterly disappointed. A further blow was the death in 1574 of Charles IX under whom Ronsard had been in effect the official poet of the court.

In his collected edition of 1578 Ronsard included two new books of *Amours* known as the *Amours d'Hélène*. These were addressed to Hélène de Surgères but they were probably composed by Ronsard to prove that he was still more than a match for young rivals like Desportes whose first collected works appeared in 1573. Desportes had attached his fortunes to those of the new monarch, Henri III, and even though Ronsard tried to curry favour with the latter, he never really succeeded. His last years were spent quietly in retirement, amending his poetry, supervising the preparation of one last definitive edition of his works and writing new poems. Like Bach, Ronsard continued to compose right until his death and his *Derniers vers* were dictated during his final illness. He died in December 1585.

Ronsard is one of the major figures in French poetry because of the volume of his production, its range, and its quality. He is a poet of many moods and, like Hugo, the master of them all. As with Hugo, also, if inevitable flaws had to be noted, one could criticize in Ronsard his egocentricity, his vanity, his petty jealousies. When that is said, however, one has to pay tribute to his vast culture, his mastery of technique, his infinite variety. Ronsard is a poet of many sides: lover, student of nature, student of literature, critic, philosopher. He is at the same time pagan and sensual, Christian and spiritual. It is easy to pick out contrasting themes in Ronsard or to find in him, if one looks long enough, the expression of almost any poetic mood. His influence was tremendous, both on his contemporaries and on those who came after him.

**REFERENCES**

GUSTAVE COHEN, *Ronsard, sa vie et son œuvre* (Paris, Gallimard, 1956).

F. DESONAY, *Ronsard, poète de l'amour*, 3 vols.: (1) *Cassandre*, (2) *De Marie à Genèvre*, (3) *Du poète de cour au chantre d'Hélène* (Bruxelles, Palais des Académies, 1952–1959).

RAYMOND LEBÈGUE, *Ronsard, l'homme et l'œuvre* (Paris, Boivin, 1950).

MARCEL RAYMOND, *L'Influence de Ronsard sur la poésie française du XVI<sup>e</sup> siècle*, 2 vols. (Paris, Champion, 1927).

The basic edition of Ronsard's works is the critical edition of the *Société des textes français modernes* by Laumonier begun in 1914 and still in progress (vol. 17 [1960] takes the edition up to the *Œuvres* of 1578). Other complete editions include those of Marty-Laveaux (1584 text), an earlier Laumonier edition (Marty-Laveaux with corrections), Vaganay (1578 text), and Cohen (1584 text in the Gallimard *Editions de la Pléiade*).

## ODE A LA FONTAINE BELLERIE

O Déesse Bellerie,
Belle Déesse cherie
De nos Nimphes, dont la vois
Sonne ta gloire hautaine
Acordante au son des bois,                                   5
Voire au bruit de ta fontaine,
Et de mes vers que tu ois.

Tu es la Nimphe eternelle
De ma terre paternelle,
Pource en ce pré verdelet                                   10
Voi ton Poëte qui t'orne
D'un petit chevreau de laict,
A qui l'une et l'autre corne
Sortent du front nouvelet.

Sus ton bord je me repose,                                  15
Et là oisif je compose
Caché sous tes saules vers
Je ne sçai quoi, qui ta gloire
Envoira par l'univers,
Commandant à la memoire                                     20
Que tu vives par mes vers.

L'ardeur de la Canicule
Toi, ne tes rives ne brule,
Tellement qu'en toutes pars
Ton ombre est epaisse et drue                               25
Aus pasteurs venans des parcs,
Aus beufs las de la charue,
Et au bestial epars.

Tu seras faite sans cesse
Des fontaines la princesse,                            30
Moi çelebrant le conduit
Du rocher persé, qui darde
Avec un enroué bruit,
L'eau de ta source jazarde
Qui trepillante se suit.                              35

*Odes* II, ix, 1550

L'origine de ce poème est la célèbre ode d'Horace, « O fons Bandusiae »
(*Carm.* III, xiii). Bellerie était le nom d'une source sur la propriété de
Ronsard à La Possonnière en Vendôme.

(7) ois—entend (10) Pource—à cause de cela (22) la Canicule—du
22 juillet au 23 août

# ODE DE L'ELECTION DE SON SEPULCRE

Antres, et vous fontaines
De ces roches hautaines
Devallans contre bas
   D'un glissant pas :

Et vous forests, et ondes                             5
Par ces prez vagabondes,
Et vous rives, et bois
   Oiez ma vois.

Quand le ciel, et mon heure
Jugeront que je meure,                                10
Ravi du dous sejour
   Du commun jour,

Je veil, j'enten, j'ordonne,
Qu'un sepulcre on me donne,
Non pres des Rois levé,                               15
   Ne d'or gravé,

Mais en cette isle verte,
Où la course entrouverte
Du Loir, autour coulant,
   Est accolant'.                           20

Là où Braie s'amie
D'une eau non endormie,
Murmure à l'environ
   De son giron.

Je deffen qu'on ne rompe           25
Le marbre pour la pompe
De vouloir mon tumbeau
   Bâtir plus beau,

Mais bien je veil qu'un arbre
M'ombrage en lieu d'un marbre :     30
Arbre qui soit couvert
   Tousjours de vert.

De moi puisse la terre
Engendrer un l'hierre,
M'embrassant en maint tour      35
   Tout alentour.

Et la vigne tortisse
Mon sepulcre embellisse,
Faisant de toutes pars
   Un ombre épars.          40

Là viendront chaque année
A ma feste ordonnée,
Les pastoureaus estans
   Prés habitans.

Puis aiant fait l'office          45
De leur beau sacrifice,
Parlans à l'isle ainsi
   Diront ceci.

Que tu es renommée
D'estre tumbeau nommée        50
D'un de qui l'univers
   Ouira les vers !

Et qui onc en sa vie
Ne fut brulé d'envie
Mendiant les honneurs        55
   Des grans seigneurs !

Ni ne r'apprist l'usage
De l'amoureus breuvage,
Ni l'art des anciens
   Magiciens !               60

Mais bien à nos campaignes,
Feist voir les seurs compaignes
Foulantes l'herbe aus sons
   De ses chansons.

Car il sçeut sur sa lire           65
Si bons acords élire,
Qu'il orna de ses chants
   Nous, et nos champs.

La douce manne tumbe
A jamais sur sa tumbe,         70
Et l'humeur que produit
   En Mai, la nuit.

Tout alentour l'emmure
L'herbe, et l'eau qui murmure,
L'un d'eus i verdoiant,        75
   L'autre ondoiant.

Et nous aians memoire
Du renom de sa gloire,
Lui ferons comme à Pan
   Honneur chaque an.       80

Ainsi dira la troupe,
Versant de mainte coupe
Le sang d'un agnelet
   Avec du laict

Desus moi, qui à l'heure       85
Serai par la demeure
Où les heureus espris
   Ont leurs pourpris.

La gresle, ne la nége,
N'ont tels lieus pour leur siège,     90
Ne la foudre onque là
   Ne devala.

Mais bien constante i dure
L'immortelle verdure,
Et constant en tout tens              95
   Le beau printens.

Et Zephire i alaine
Les mirtes, et la plaine
Qui porte les couleurs
   De mile fleurs.                100

Le soin qui solicite
Les Rois, ne les incite
Le monde ruiner
   Pour dominer.

Ains comme freres vivent,       105
Et morts encore suivent
Les métiers qu'ils avoient
   Quand ils vivoient.

Là, là, j'oirai d'Alcée
La lire courroucée,            110
Et Saphon qui sur tous
   Sonne plus dous.

Combien ceus qui entendent
Les odes qu'ils rependent,
Se doivent réjouir           115
   De les ouir !

Quand la peine receue
Du rocher, est deceue
Sous les acords divers
   De leurs beaus vers !       120

La seule lire douce
L'ennui des cueurs repousse,
Et va l'esprit flattant
   De l'écoutant.

*Odes* IV, v, 1550

(13) veil—veux (20) Il s'agit d'un îlot à l'endroit où la Braye se jetait dans le Loir. (24) giron—sein (figuré) (34) l'hierre—lierre (37) tortisse—tortue (75) i—y (109) Alcée—poète lyrique grec (111) Saphon (Sapho)—la célèbre poétesse grecque

## CIEL, AIR, ET VENTS

Ciel, air, et vents, plains et montz descouvers,
Tertres fourchuz, et forestz verdoyantes,
Rivages tortz, et sources ondoyantes,
Taillis razez, et vous bocages verds,                        4

Antres moussus à demyfront ouvers,
Prez, boutons, fleurs, et herbes rousoyantes,
Coustaux vineux, et plages blondoyantes,
Gastine, Loyr, et vous mes tristes vers :                    8

Puis qu'au partir, rongé de soing et d'ire,
A ce bel œil, l'Adieu je n'ay sceu dire,
Qui pres et loing me detient en esmoy :                      11

Je vous supply, Ciel, air, ventz, montz, et plaines,
Tailliz, forestz, rivages et fontaines,
Antres, prez, fleurs, dictes le luy pour moy.                14

*Amours*, lvii, 1552

(1) *plains*—masculin de *plaines*   (7) Herbes mouillées de rosée, coteaux fertiles en vins, plaines couvertes de blés jaunis   (8) La Forêt de Gastine et la Loire

## ODE A CASSANDRE

Mignonne, allons voir si la rose
Qui ce matin avait declose
Sa robe de pourpre au soleil,
A point perdu cette vesprée
Les plis de sa robe pourprée                                 5
Et son teint au vostre pareil.
    Las ! voiés comme en peu d'espace,
Mignonne, elle a dessus la place
Las, las, ses beautés laissé cheoir !
O vraiment maratre Nature,                                   10
Puis qu'une telle fleur ne dure
Que du matin jusques au soir.
    Donc si vous me croiés, mignonne :
Tandis que vôtre âge fleuronne

En sa plus verte nouveauté,                    *15*
Cueillés, cueillés vôtre jeunesse
Comme à cette fleur, la vieillesse
Fera ternir vôtre beauté.

*Amours*, 2ᵉ édition, 1553

(2) *declose* s'accorde ici avec *robe*   (9) cheoir—tomber


## ODELETTE A CORYDON

J'ay l'esprit tout ennuyé
D'avoir trop estudié
Les Phenomenes d'Arate :
Il est temps que je m'ebate
Et que j'aille aux champs joüer.          *5*
Bons Dieus ! qui voudrait loüer
Ceux qui colés sur un livre
N'ont jamais souci de vivre ?

Hé, que sert l'estudier,
Sinon de nous ennuyer,                    *10*
Et soing dessus soing acroistre
A nous, qui serons peut estre
Ou ce matin, ou ce soir
Victime de l'Orque noir,
De l'Orque qui ne pardonne,               *15*
Tant il est fier, à personne !

Corydon, marche davant,
Sache où le bon vin se vend,
Fais apres à ma bouteille
Des fueilles de quelque treille           *20*
Un tapon pour la boucher;
Ne m'achette point de chair,
Car tant soit elle friande,
L'Esté je hay la viande.

Achette des abricots,                     *25*
Des pompons, des artichauts,
Des fraises et de la cresme :
C'est en Esté ce que j'aime,

Quand sus le bord d'un ruisseau,
Je la mange au bruit de l'eau,                                    30
Etendu sur le rivage
Ou dans un antre sauvage.

Va-ten à Hercueil apres,
Mets la table la plus pres
Que pourras de la fonteine :                                    35
Mets y la bouteille pleine
Pour refraichir dans le fond :
Apres ourdis pour mon frond
Une couronne aussi belle
Qu'à Bacus, fils de Semelle,                                    40
Quand il dance : apres sans fin
Verse en mon verre du vin
Pour estrangler la memoire
De mes soucis apres boire.

Ores que je suis dispos,                                    45
Je veux boire sans repos,
De peur que la maladie
Un de ces jours ne me die,
Me hapant à l'impourveu :
« Meurs, galant : c'est assez bu ».

*Bocage,* 1554

(3) Œuvre didactique du poète grec Aratos   (14) C'est-à-dire du monde des Enfers   (21) tapon—un petit paquet bouchonné   (33) Hercueil—Arcueil, près de Paris

## ODE

Quand je suis vingt ou trente mois
Sans retourner en Vendômois,
Plein de pensées vagabondes,
Plein d'un remords et d'un souci,
Aux rochers je me plains ainsi,                                    5
Aux bois, aux antres, et aux ondes :

Rochers, bien que soyez agés,
De trois mil ans, vous ne changez
Jamais ni d'estat ni de forme :

Mais toujours ma jeunesse fuit,      *10*
Et la vieillesse qui me suit,
De jeune en vieillard me transforme.

    Bois, bien que perdiez tous les ans
En l'hiver vos cheveux plaisans,
L'an d'apres qui se renouvelle,      *15*
Renouvelle aussi votre chef :
Mais le mien ne peut derechef
R'avoir sa perruque nouvelle.

    Antres, je me suis vu chez vous
Avoir jadis verts les genoux,      *20*
Le corps habile, et la main bonne :
Mais ores j'ai le corps plus dur,
Et les genoux, que n'est le mur
Qui froidement vous environne.

    Ondes, sans fin vous promenez,      *25*
Et vous menez et ramenez
Vos flots d'un cours qui ne sejourne :
Et moi sans faire long sejour
Je m'en vais de nuit et de jour
Mais comme vous je ne retourne.      *30*

    Si est-ce que je ne voudrois
Avoir esté ni roc ni bois,
Antre, ni onde, pour defendre,
Mon corps contre l'age emplumé :
Car ainsi dur je n'eusse aimé      *35*
Toi qui m'as fait vieillir, Cassandre.

*Odes*, 3ᵉ édition, 1555

(20) verts—vigoureux et souples

## MARIE, QUI VOUDROIT VOSTRE
## BEAU NOM TOURNER

Marie, qui voudroit vostre beau nom tourner,
Il trouveroit Aimer : aimez-moi donq, Marie,
Faites cela vers moi dont vostre nom vous prie,
Vostre amour ne se peut en meilleur lieu donner :      *4*

S'il vous plaist pour jamais un plaisir demener,
Aimez-moi, nous prendrons les plaisirs de la vie,
Penduz l'un l'autre au col, et jamais nulle envie
D'aimer en autre lieu ne nous pourra mener.                    8

Si faut il bien aimer au monde quelque chose :
Cellui qui n'aime point, cellui-là se propose
Une vie d'un Scyte, et ses jours veut passer             11

Sans gouster la douceur des douceurs la meilleure.
E, qu'est-il rien de doux sans Venus ? las ! à l'heure
Que je n'aimeray point puissai-je trépasser !             14

*Continuation des Amours*, vii, 1555

(2) *Aimer* est l'anagramme de *Marie*.  (11)  Les Scythes passaient pour
un peuple barbare, aux mœurs rudes.

## JE VOUS ENVOYE UN BOUQUET DE MA MAIN

Je vous envoye un bouquet de ma main
Que j'ai ourdy de ces fleurs epanies :
Qui ne les eust à ce vespre cuillies,
Flaques à terre elles cherroient demain.                    4

Cela vous soit un exemple certain
Que voz beautés, bien qu'elles soient fleuries,
En peu de tems cherront toutes flétries,
Et periront comme ces fleurs, soudain.                    8

Le tems s'en va, le tems s'en va, ma Dame :
Las ! le tems non, mais nous nous en allons,
Et tost serons estendus sous la lame :             11

Et des amours desquelles nous parlons,
Quand serons morts n'en sera plus nouvelle :
Pour-ce aimés moi, ce pendant qu'estes belle.             14

*Continuation des Amours*, xxxv, 1555

(2) epanies—épanouies  (3) Si quelqu'un ne les avait pas cueillies cet
après-midi  (4) flaques—flasques; cherroient—tomberaient  (11)  sous la
pierre du tombeau

# JE VEUS LIRE EN TROIS JOURS

Je veus lire en trois jours l'Iliade d'Homere,
Et pour-ce, Corydon, ferme bien l'huis sur moi :
Si rien me vient troubler, je t'asseure ma foi,
Tu sentiras combien pesante est ma colere.                    4

Je ne veus seulement que nôtre chambriere
Vienne faire mon lit, ou m'apreste de quoi
Je menge, car je veus demeurer à requoi
Trois jours, pour faire apres un an de bonne chere.          8

Mais si quelcun venoit de la part de Cassandre,
Ouvre lui tost la porte, et ne le fais attendre :
Soudain entre en ma chambre, et me vien acoustrer,         11

Je veux tanseulement à lui seul me monstrer :
Au reste, si un Dieu vouloit pour moi descendre
Du ciel, ferme la porte, et ne le laisse entrer.           14

*Continuation des Amours*, lxv, 1555

(2) Corydon est le valet de chambre de Ronsard.   (3) rien—quelque chose
(5) Je ne veux même pas   (7) à requoi—en repos   (11) acoustrer—habiller

# ODE

Bel Aubepin verdissant,
  Fleurissant
Le long de ce beau rivage,
Tu est vestu jusqu'au bas
  Des longs bras                                             5
D'une lambrunche sauvage.

Deux camps drillantz de fourmis
  Se sont mis
En garnison soubz ta souche :
Et dans ton tronc mi-mangé                                  10
  Arangé
Les avettes ont leur couche.

Le gentil rossignolet
  Nouvelet,
Avecque sa bien-aimée,                                      15

Pour ses amours aleger
    Vient loger
Tous les ans en ta ramée :

Dans laquelle il fait son ny
    Bien garny                                   20
De laine et de fine soye,

Où ses petitz s'eclorront,
    Qui seront
De mes mains la douce proye.

Or' vy gentil aubepin,                             25
    Vy sans fin,
Vy sans que jamais tonnerre
Ou la congnée ou les vens
    Ou les tems
Te puissent ruer par terre.                        30

*Nouvelle Continuation des Amours,* 1556

(6) La lambrunche est une vigne.   (12) avettes—abeilles   (19) ny—nid
(25) vy—vis

## CHANSON

Bon jour mon cueur, bon jour ma doulce vie.
Bon jour mon œil, bon jour ma chere amye,
    Hé bon jour ma toute belle,
    Ma mignardise, bon jour,
    Mes delices, mon amour,                       5
Mon dous printemps, ma doulce fleur nouvelle
Mon doulx plaisir, ma douce columbelle,
Mon passereau, ma gente tourterelle,
    Bon jour, ma doulce rebelle.

Hé fauldra-t-il que quelcun me reproche           10
Que j'ay vers toy le cueur plus dur que roche
    De t'avoir laissé, maitresse,
    Pour aller suivre le Roy,
    Mandiant je ne sçay quoy
Que le vulgaire appelle une largesse ?            15
Plustost perisse honneur, court, et richesse,
Que pour les biens jamais je te relaisse,
    Ma doulce et belle deesse.

*Nouvelle Continuation des Amours,* 1556

## DISCOURS DES MISERES DE CE TEMPS
## DISCOURS A LA ROYNE

Las ! Madame, en ce temps que le cruel orage
Menace les François d'un si piteux naufrage,
Que la gresle et la pluye, et la fureur des cieux       45
Ont irrité la mer de vens seditieux,
Et que l'astre jumeau ne daigne plus reluyre,
Prenez le gouvernail de ce pauvre navire,
Et maugré la tempeste, et le cruel efort
De la mer, et des vens, conduisez-le à bon port.       50
   La France à jointes mains vous en prie et reprie,
Las ! qui sera bien tost et proye et moquerie
Des princes estrangers, s'il ne vous plaist en bref
Par vostre autorité appaiser ce mechef.
   Ha que diront là bas soubs les tombes poudreuses      55
De tant de vaillans Roys les armes genereuses !
Que dira Pharamond ! Clodion, et Clovis !
Nos Pepins ! nos Martels ! nos Charles, nos Loys !
Qui de leur propre sang versé parmy la guerre,
Ont aquis à nos Roys une si belle terre ?      60
Que diront tant de Ducs, et tant d'hommes guerriers
Qui sont morts d'une playe au combat les premiers,
Et pour France ont souffert tant de labeurs extremes,
La voyant aujourd'huy destruite par nous mesmes ?
   Ils se repentiront d'avoir tant travaillé,      65
Querelé, combatu, guerroyé, bataillé
Pour un peuple mutin divisé de courage,
Qui pert en se jouant un si bel heritage :
Heritage opulent, que toy peuple qui bois
De l'Angloise Tamise, et toy More qui vois      70
Tomber le chariot du soleil sur ta teste,
Et toy, race Gottique, aux armes toujours preste,
Qui sens la froide bise en tes cheveux venter,
Par armes n'avés sceu ni froisser, ny domter.

     \*  \*  \*  \*

Morte est l'autorité : chacun vit à sa guise      175
Au vice desreiglé la licence est permise,
Le desir, l'avarice, et l'erreur incensé
Ont sans-dessus-dessoubs le monde renversé.
   On a fait des lieux saincts une horrible vœrie,
Un assassinement, et une pillerie :      180

Si bien que Dieu n'est seur en sa propre maison.
Au ciel est revollée, et Justice, et Raison,
Et en leur place helas ! regne le brigandage,
La force, les cousteaux, le sang et le carnage.

Tout va de pis en pis : les Citez qui vivoient          185
Tranquilles ont brisé la foy qu'elles devoient :
Mars enflé de faux zele et de veine aparence
Ainsi qu'une furie agite nostre France,
Qui farouche à son prince, opiniastre suit
L'erreur d'un estranger, qui folle la conduit.          190

Tel voit on le poulain dont la bouche trop forte
Par bois et par rochers son escuyer emporte,
Et maugré l'esperon, la houssine, et la main,
Se gourme de sa bride, et n'obeist au frein :
Ainsi la France court en armes divisée,                 195
Depuis que la raison n'est plus autorisée.

Mais vous, Royne tressage, en voyant ce discord
Pouvez, en commandant, les mettre tous d'accord :
Imitant le pasteur, qui voyant les armées
De ses mouches à miel fierement animées               200
Pour soustenir leurs Roys, au combat se ruer,
Se percer, se piquer, se navrer, se tuer,
Et parmy les assaults forcenant pesle mesle
Tomber mortes du Ciel aussi menu que gresle,
Portant un gentil cueur dedans un petit corps :         205
Il verse parmy l'aer un peu de poudre: et lors
Retenant des deux camps la fureur à son aise,
Pour un peu de sablon leurs querelles appaise.

Ainsi presque pour rien la seulle dignité
De vos enfans, de vous, de vostre autorité              210
(Que pour vostre vertu chaque Estat vous acorde)
Pourra bien appaiser une telle discorde.

O Dieu qui de là haut nous envoyas ton fils,
Et ta paix eternelle avecques nous tu fis,
Donne (je te supply) que cette Royne mere               215
Puisse de ces deux camps appaiser la colere.
Donne moy de rechef que son sceptre puissant
Soit maugré le discord en armes fleurissant.
Donne que la fureur de ce Monstre barbare
Aille bien loing de France au rivaige Tartare.          220
Donne que noz harnois de sang humain tachez
Soient dans un magasin pour jamais atachez.

Donne que mesme loy unisse noz provinces,
Unissant pour jamais le vouloir de nos princes.
    Ou bien (O Seigneur Dieu), si les cruelz destins          225
Nous veullent saccager par la main des mutins,
Donne que hors des poings eschape l'alumelle
De ceux qui soutiendront la mauvaise querelle.
Donne que les serpens des hideuzes Fureurs
Agitent leurs cerveaux de Paniques terreurs.              230
Donne qu'en plain midy le jour leur semble trouble,
Donne que pour un coup ilz en sentent un double,
Donne que la poussiere entre dedans leurs yeux :
D'un esclat de tonnerre arme ta main aux cieux,
Et pour punition eslance sur leur teste,                  235
Et non sur un rocher, les traiz de ta tempeste.

Ce poème publié en 1562 s'adresse à la reine-mère, Catherine de Médicis.

(47) La constellation des Gémaux, Castor et Pollux qui passaient pour
favorables aux matelots. (49) maugré—malgré (54) mechef—mésaven-
ture (58) Anciens rois de France (61) Ducs—chefs d'armée (71) qui
habitent un pays chaud (72) les Allemands (190) Luther (194) Se
gourme de—résiste à (227) l'alumelle—la lame de l'épée (229) Fureurs
—Furies


# REMONSTRANCE AU PEUPLE DE FRANCE

    O vous, doctes Prelats, poussés du S. Esprit,
Qui estes assemblés au nom de Jesuschrist,
Et taschés sainctement par une voye utile
De conduire L'Eglise à l'accord d'un Concile,
Vous mesmes les premiers, Prelats, reformés vous,        425
Et comme vrays pasteurs faittes la guerre aux loups,
Ostés l'ambition, la richesse excessive,
Arrachés de vos cueurs la jeunesse lascive,
Soyés sobres de tables, et sobres de propos,
De vos troupeaux commis cerchés moy le repos,           430
Non le vostre, Prelats, car vostre vray office
Est de prescher sans cesse et de chasser le vice.
    Vos grandeurs, vos honneurs, vos gloires despouillés,
Soyés moy de vertus non de soye habillés,
Ayés chaste le corps, simple la conscience :            435
Soit de nuict, soit de jour apprenez la science,

Gardés entre le peuple une humble dignité,
Et joignés la douceur avecq' la gravité.
    Ne vous entremeslés des affaires mondaines,
Fuyés la court des Roys et leurs faveurs soudaines,          440
Qui perissent plus tost qu'un brandon allumé
Qu'on voit tantost reluire, et tantost consumé.
    Allés faire la court à vos pauvres oueilles,
Faictes que vostre voix entre par leurs oreilles,
Tenés vous pres du parc, et ne laissés entrer               445
Les loups en vostre clos, faute de vous monstrer.
    Si de nous reformer vous avés doncq'envye,
Reformés les premiers vos biens et vostre vie,
Et alors le troupeau qui dessous vous vivra,
Reformé comme vous, de bon cueur vous suivra.               450

La *Remonstrance* fut adressée à tous les Français mais ici Ronsard parle
directement aux évêques réunis pour le Concile de Trente (1545–1563) qui
travaillaient à une réforme intérieure de l'église catholique. Le poème fut
publié en 1563.
(430) Des troupeaux qui vous ont été confiés

# COMME ON VOIT SUR LA BRANCHE

Comme on voit sur la branche au mois de May la rose
En sa belle jeunesse, en sa premiere fleur
Rendre le ciel jaloux de sa vive couleur,
Quand l'Aube des ses pleurs au poinct du jour l'arrose :    4

La grace dans sa fueille, et l'amour se repose,
Embasmant les jardins et les arbres d'odeur :
Mais batue ou de pluye ou d'excessive ardeur,
Languissante elle meurt fueille à fueille déclose :         8

Ainsi en ta premiere et jeune nouveauté,
Quand la terre et le ciel honoroient ta beauté,
La Parque t'a tuée, et cendre tu reposes.                   11

Pour obseques reçoy mes larmes et mes pleurs,
Ce vase plein de laict, ce panier plein de fleurs,
Afin que vif, et mort, ton corps ne soit que roses.        14

*Œuvres,* 1578
*Amours* II, iii

Les sonnets *Sur la mort de Marie* furent composés à la mémoire de la princesse Marie de Clèves, aimée par Henri III, et non à celle de la Marie qui avait inspiré les *Amours* de 1554–1555.

(11) La Parque—Atropos, qui coupe le fil de la vie

## VOUS ME DISTES, MAISTRESSE

Vous me distes, Maistresse, estant à la fenestre,
Regardant vers Mont-martre et les champs d'alentour :
La solitaire vie, et le desert sejour
Valent mieux que la Cour, je voudrois bien y estre.    4

A l'heure mon esprit de mes sens seroit maistre,
En jeusne et oraisons je passerois le jour :
Je desfirois les traicts et les flames d'Amour :
Ce cruel de mon sang ne pourroit se repaistre.    8

Quand je vous respondy, Vous trompez de penser
Qu'un feu ne soit pas feu, pour se couvrir de cendre :
Sur les cloistres sacrez la flame on voit passer :    11

Amour dans les deserts comme aux villes s'engendre.
Contre un Dieu si puissant, qui les Dieux peut forcer,
Jeusnes ny oraisons ne se peuvent defendre.    14

*Œuvres*, 1578
*Sonets pour Hélène* I, xxviii

(1) Il s'agit d'une fenêtre du palais du Louvre.  (2) Il y avait à Montmartre un célèbre couvent, l'abbaye des dames de Montmartre, fondée en 1133.  (9) Vous vous trompez  (14) On ne peut pas se défendre contre l'amour par des jeûnes et des oraisons.

## MADRIGAL

Si c'est aimer, Madame, et de jour et de nuict
Resver, songer, penser le moyen de vous plaire,
Oublier toute chose, et ne vouloir rien faire
Qu'adorer et servir la beauté qui me nuit :
Si c'est aimer de suivre un bon-heur qui me fuit,    5

De me perdre moymesme, et d'estre solitaire,
Souffrir beaucoup de mal, beaucoup craindre, et me taire
Pleurer, crier mercy, et m'en voir esconduit :
    Si c'est aimer de vivre en vous plus qu'en moymesme,
Cacher d'un front joyeux une langueur extrême,            10
Sentir au fond de l'ame un combat inegal,
Chaud, froid, comme la fiévre amoureuse me traitte :
Honteux, parlant à vous, de confesser mon mal !
    Si cela c'est aimer, furieux je vous aime :
Je vous aime, et sçay bien que mon mal est fatal :        15
Le cœur le dit assez, mais la langue est muette.

*Œuvres*, 1578
*Sonets pour Hélène*, I


# QUAND VOUS SEREZ BIEN VIEILLE

Quand vous serez bien vieille, au soir à la chandelle,
Assise auprès du feu, devidant et filant,
Direz, chantant mes vers, en vous esmerveillant :
Ronsard me celebroit du temps que j'estois belle.        4

Lors vous n'aurez servante oyant telle nouvelle,
Desja sous le labeur à demy sommeillant,
Qui au bruit de Ronsard ne s'aille resveillant,
Benissant vostre nom de louange immortelle.        8

Je seray sous la terre et fantaume sans os
Par les ombres Myrtheux je prendray mon repos.
Vous serez au foyer une vieille accroupie,        11

Regrettant mon amour, et vostre fier desdain.
Vivez, si m'en croyez, n'attendez à demain :
Cueillez dés aujourdhuy les roses de la vie.        14

*Œuvres*, 1578
*Sonets pour Hélène*, II, xxiv

(5) oyant—entendant  (8) Benissant—disant du bien; de louange immortelle à cause du nom d'Hélène, célébré autrefois par Homère et maintenant aussi par Ronsard  (10) Aux champs élysées, les amants célèbres se reposaient à l'ombre des myrtes (Virgile, *Aen.* VI, 443).

## LES DERNIERS VERS

Je n'ai plus que les os, un squelette je semble,
Décharné, dénervé, démusclé, dépoulpé,
Que le trait de la mort sans pardon a frappé;
Je n'ose voir mes bras que de peur je ne tremble.          *4*

Appollon et son fils deux grands maîtres ensemble,
Ne me sauraient guérir, leur métier m'a trompé;
Adieu, plaisant soleil ! mon œil est étoupé,
Mon cœur s'en va descendre où tout se désassemble.          *8*

Quel ami me voyant en ce point dépouillé,
Ne remporte au logis un œil triste et mouillé,
Me consolant au lit, et me baisant la face,          *11*

En essuyant mes yeux par la mort endormis ?
Adieu, chers compagnons ! adieu, mes chers amis !
Je m'en vais le premier vous préparer la place.          *14*

Dans les *Derniers Vers* de Ronsard, publiés en 1586 peu après la mort du poète, on trouve entre autres ce poème et le suivant.

(2) dépoulpé—dépouillé de chair   (5) son fils—Esculape, dieu de la médecine.

## A SON AME

Amelette Ronsardelette,
Mignonnelette, doucelette,
Tres-chere hostesse de mon corps,
Tu descens là bas foiblelette,
Pasle, maigrelette, seulette,          *5*
Dans le froid royaume des mors :
Toutesfois simple, sans remors
De meurtre, poison, ou rancune,
Mesprisant faveurs et tresors
Tant enviez par la commune.          *10*
Passant, j'ay dit; suy ta fortune,
Ne trouble mon repos, je dors.

# Joachim Du Bellay

## (1522-1560)

JOACHIM DU BELLAY was born near the village of Liré in the province of Anjou. Left an orphan at the age of nine, he seems to have pursued rather desultory studies until he entered the faculty of law at the University of Poitiers in 1545. It was there in 1547 that he met Ronsard who persuaded him to go to Paris to enrol in the Collège de Coqueret under Dorat. From this moment dates his dedication to poetry.

It is curious that the *Deffence et Illustration de la langue françoyse* (1549), which stands as the manifesto of the Pléiade, should have borne Du Bellay's signature rather than Ronsard's. Among reasons advanced for this fact are the following: (1) the family name of Du Bellay was well known and would carry a certain prestige; (2) Du Bellay was older than Ronsard and more polemical by nature; (3) Du Bellay had ready to publish some poetry which would illustrate the theories of the new school whereas Ronsard did not. Whatever the reasons, it is certain that the document reflected the joint ideas of Ronsard and Du Bellay. In it, they reaffirmed their belief in the dignity of the French language as a medium of expression for poetry and went on to discuss suitable forms, subjects, poetic diction, and many other related problems. The *Deffence* is an important document in the history of French poetry and it should be studied in detail in its proper context. A brief summary or a few pages of extracts cannot do it justice.

*L'Olive*, Du Bellay's first collection of love sonnets, was published in 1549 along with some *Vers lyriques*, mostly odes in imitation of Horace. A *Recueil de poésie* dedicated to Marguerite de France, the sister of Henri II, appeared later the same year, followed in 1550 by a greatly expanded second edition of *L'Olive*. Almost as much has been written about the identity of Olive as about Scève's Délie (*Olive* an anagram of an unidentified mistress named *Viole?* The poet's cousin Olive de Sévigné? Marguerite de France herself, subtly referred to through her arms, which incorporated an olive branch?). The explanation is perhaps unimportant because Du Bellay draws heavily on Petrarchan and neo-platonic traditions, idealizing his lady in quite a conventional way.

Shortly after a second edition of the *Recueil de poésie* in March 1553, Du Bellay left for Rome in the service of his cousin, the influential Cardinal Jean Du Bellay. He was to stay there until 1557, publishing nothing until after his return to France when he issued during the year 1558 no fewer than four important collections of poetry.

The *Jeux rustiques* (1558) is a miscellaneous group including imitations of the *Moretum* of Virgil, the Latin *Vœux rustiques* of Naugerius (Navagero), and the *Basia* of Johannes Secundus (Jean Second) as well as the satire *Contre les pétrarquistes*, which was a reworking of the earlier poem *A une Dame* which had appeared in the *Recueil de poésie* in 1553. It is characteristic that Du Bellay who wrote Petrarchan poetry all his life should make fun of its excesses, just as it is typical that the ardent advocate of French as a means of poetic expression should have published a collection of Latin *Poemata* (1558) including descriptive pieces, epigrams, and the intimate *Amours de Faustine*, which chronicle an affair with a Roman lady.

In the sonnets of *Les Antiquitez de Rome* (1558), there are mainly descriptive poems in which the grandeur of the past is contrasted with the decadence of the present. *Les Regrets* (1558) forms a logical sequence to *Les Antiquitez*. It is a collection of 191 sonnets of which 127 were written in Rome, ten on the way back to France and the rest in France. Du Bellay's enthusiasm at finding himself in Rome is gradually replaced by disillusionment and homesickness. He grows impatient with his duties as intendant to his cousin and satirizes the veniality of the business world, the corruption of the church, and the degeneration of moral standards in the world of society. It is again typical of Du Bellay (and perhaps of humanity!) that after his return to France he is equally disgusted with what he finds there.

Du Bellay is an intensely personal poet who uses the sonnet to express a great variety of emotions. He has been credited with introducing the cult of ruins, picked up by the Romantics, and with being the first to use the sonnet as a vehicle for satire. His skill in versification is completely subservient to his purposes, whatever they may be. His mood is predominantly melancholy, perhaps, but he can also be vehement, sarcastic, flippant or tender. Despite a more limited range, within the Pléiade he stands second only to Ronsard and at his best he is surpassed by no one. Du Bellay seems particularly modern and the greatest tribute one can pay him is to say that his poetry seems as fresh and pertinent today as when he wrote it.

REFERENCES

V. L. Saulnier, *Du Bellay, l'homme et l'œuvre* (Paris, Boivin, 1951).
Joachim Du Bellay, *Œuvres poétiques*, ed. Henri Chamard, 6 vols. (Paris, Cornély, 1908–1931).

—— La Deffence et Illustration de la langue françoyse, critical edition, ed. Henri Chamard (Paris, Fontemoing, 1904, or Paris, Didier, 1948).
—— Poésies françaises et latines, ed. Ernest Courbet (Paris, Garnier, 1918).

## L'OLIVE

### X

Ces cheveux d'or sont les liens, Madame,
Dont fut premier ma liberté surprise,
Amour la flamme autour du cœur eprise,
Ces yeux le traict qui me transperse l'ame,                4

Fors sont les neudz, apre et vive la flamme,
Le coup de main à tyrer bien apprise,
Et toutesfois j'ayme, j'adore et prise
Ce qui m'etraint, qui me brusle et entame.               8

Pour briser doncq, pour eteindre et guerir
Ce dur lien, ceste ardeur, ceste playe,
Je ne quiers fer, liqueur, ny medicine :                *11*

L'heur et plaisir que ce m'est de perir
De telle main, ne permet que j'essaye
Glayve tranchant, ni froydeur, ny racine.              *14*

*Olive*, 1549

(11) quiers—cherche   (14) C'est-à-dire racine médicale

### CXIII

Si nostre vie est moins qu'une journée
En l'eternel, si l'an qui faict le tour
Chasse noz jours sans espoir de retour,
Si perissable est toute chose née,                      4

Que songes-tu, mon ame emprisonnée ?
Pourquoy te plaist l'obscur de nostre jour,
Si pour voler en un plus cler sejour,
Tu as au dos l'aele bien empannée ?                     8

Là est le bien que tout esprit désire,
Là, le repos où tout le monde aspire,
Là est l'amour, là, le plaisir encore.                 *11*

Là, ô mon ame, au plus ciel guidée,
Tu y pourras recognoistre l'Idée
De la beauté, qu'en ce monde j'adore.                    14

*Olive*, 1550

(8) empannée—couverte de plumes

## A BOUJU
## LES CONDITIONS DU VRAY POETE

Bouju, celuy que la Muse
D'un bon œil a veu naissant,
De l'espoir qui nous abuse,
Son cœur ne va repaissant.

La faveur ambitieuse                                     5
Des grands, voluntiers ne suit,
Ny la voix contencieuse
Du Palaiz, qui tousjours bruyt.

Sa vertu n'est incitée
Aux biens que nous admirons,                             10
Et la mer sollicitée
N'est point de ses avirons.

La vieille au visaige blesme
Jamais grever ne le peult,
Qui se tormente elle mesme,                              15
Quand tormenter elle veult.

Son etoile veult qu'il vive
Tousjours de l'amour amy,
Mais la volupté oysive
Ne l'a onques endormy.                                    20

Il fuit voluntiers la vile,
Il hait en toute saison
La faulse tourbe civile
Ennemye de raison.

Les superbes Collisées,                                  25
Les Palaiz ambicieux,
Et les maisons tant prisées
Ne retiennent point ses yeux :

Mais bien les fontaines vives
Meres des petits ruisseaux                    30
Au tour de leurs verdes rives
Encourtinez d'arbrisseaux,

Dont la frescheur, qui contente
Les beufz venans du labeur,
De la Canicule ardente                        35
Ne sentit onques la peur.

Il tarde le cours des ondes,
Il donne oreilles aux boys,
Et les cavernes profundes
Fait rechanter soubs sa voix.                  40

Voix que ne feront point taire
Les siecles s'entresuivans :
Voix, qui les hommes peult faire
A eulx mesmes survivans.

Ainsi ton bruyt qui s'ecarte,                  45
Bouju, tu feras parler,
Ainsi ta petite Sarte
Au mesme Pau s'esgaler.

O que ma Muse a d'envye,
D'ouyr (te suyvant de pres)                    50
La tienne des bois suyvie
Commander à ces forestz !

En leur apprenant sans cesse,
Et à ces rochers ici,
Le nom de nostre Princesse,                    55
Pendant que ma lyre aussi

Ceste belle MARGUERITE
Sacre à la posterité,
Et la vertu, qui merite
Plus d'une immortalité.                        60

O l'ornement delectable
De Phebus ! ô le plaisir,
Que Jupiter à la table
Sur tous a voulu choysir !

Luc, qui eteins la memoire                          65
De mes ennuitz, si ces doigtz
Ont rencontré quelque gloire,
Tienne estimer tu la doibz.

Où me guidez vous, Pucelles,
Race du Pere des dieux ?                             70
Où me guydez vous les belles,
Et vous Nymphes aux beaux yeux ?

Fuyez l'ennemy rivaige,
Gaignez le voisin rocher :
Je voy de ce bois sauvaige                           75
Les Satyres approcher.

*Recueil de poésie*, 1549
*Vers liriques*, ix

Ce poème fut adressé par Du Bellay à son ami Jacques Bouju (1515–1577),
président du parlement de Bretagne, dont les œuvres françaises et latines ont
été perdues.

(13) L'Envie   (35) La période des chaleurs estivales (du 22 juillet au 23
août)   (47) Bouju naquit près de la Sarthe, rivière qui se jette dans la
Loire. Le Pau qui passe par la Lombardie est le fleuve du pays de Virgile.
(52) Comme Orphée   (61) La lyre   (65) Le luth, substitué à la lyre par
les modernes   (69) Les Muses, filles de Jupiter et de Mnemosyne


# VŒU
## D'UN VANNEUR DE BLÉ, AUX VENTS

A vous troppe legere,
Qui d'æle passagere
Par le monde volez,
Et d'un sifflant murmure
L'ombrageuse verdure                                5
Doulcement esbranlez,

J'offre ces violettes,
Ces lis, et ces fleurettes,
Et ces roses icy,
Ces vermeillettes roses,                            10
Tout freschement écloses,
Et ces œilletz aussi.

De votre doulce halaine
Eventez ceste plaine,
Eventez ce sejour;                                      *15*
Cependant que j'ahanne
A mon blé, que je vanne
A la chaleur du jour.

*Divers jeux rustiques*, iii, 1558

(6) esbranler—agiter   (16) ahanner—faire un effort pénible

# CONTRE LES PETRARQUISTES

J'ay oublié l'art de Petrarquizer,
Je veulx d'Amour franchement deviser
Sans vous flatter, et sans me deguizer :
        Ceulx qui font tant de plaintes,
N'ont pas le quart d'une vraye amité,                   *5*
Et n'ont pas tant de peine la moitié,
Comme leurs yeux, pour vous faire pitié,
        Jettent de larmes feintes.

Ce n'est que feu de leurs froides chaleurs,
Ce n'est qu'horreur de leurs feintes douleurs,         *10*
Ce n'est encor' de leurs souspirs et pleurs,
        Que vents, pluye, et orages :
Et bref, ce n'est à ouir leurs chansons
De leurs amours que flammes et glaçons,
Flesches, liens, et mille autres façons                *15*
        De semblables oultrages.

De voz beautez, ce n'est que tout fin or,
Perles, crystal, marbre, et ivoyre encor,
Et tout l'honneur de l'Indique thresor,
        Fleurs, lis, oeillets, et roses :               *20*
De voz doulceurs ce n'est que sucre et miel,
De voz rigueurs n'est qu'aloës, et fiel,
De voz esprits, c'est tout ce que le ciel
        Tient de graces encloses.

Puis tout soudain ilz vous font mille tors,         25
Disant, que voir voz blonds cheveux retors,
Voz yeux archers, autheurs de mille mors,
      Et la forme excellente
De ce que peult l'accoustrement couver,
Diane en l'onde il vaudroit mieux trouver         30
Ou voir Meduze, ou au cours s'esprouver
      Avecques Atalante.

S'il fault parler de vostre jour natal,
Vostre ascendant heureusement fatal
De vostre chef écarta tout le mal,         35
      Qui aux humains peult nuire.
Quant au trespas, sça'vous quand ce sera
Que vostre esprit le monde laissera ?
Ce sera lors, que là hault on voyra
      Un nouvel Astre luire.         40

Si pour sembler autre que je ne suis,
Je me plaisois à masquer mes ennuis,
J'irois au fond des eternelles nuictz
      Plein d'horreur inhumaine;
Là d'un Sisyphe, et là d'un Ixion         45
J'esprouverois toute l'affliction,
Et l'estomac, qui pour punition,
      Vit, et meurt à sa peine.

De voz beautez, sça'vous que j'en dirois ?
De voz deux yeux deux astres je ferois,         50
Voz blonds cheveux en or je changerois,
      Et voz mains en ivoyre :
Quand est du teinct, je le peindrois trop mieux
Que la matin ne colore les cieux.
Bref, vous seriez belles comme les Dieux,         55
      Si vous me vouliez croire

Mais cest Enfer de vaines passions,
Ce Paradis de belles fictions,
Deguizemens de nos affections,
      Ce sont peinctures vaines :         60
Qui donnent plus de plaisir aux lisans,

Que vos beautez à tous vos courtisans,
Et qu'au plus fol de tous ces bien-disans
    Vous ne donnez de peines.

\* \* \* \*

L'un meurt de froid, et l'autre meurt de chault,  105
L'un vole bas, et l'autre vole hault,
L'un est chetif, l'autre a ce qu'il luy fault,
    L'un sur l'esprit se fonde,
L'autre s'arreste à la beauté du corps :
On ne vid onq' si horribles discords  110
En ce Chaos, qui troubloit les accords
    Dont fut basty le monde.

Quelque autre apres, ayant subtilement
Trouvé l'accord de chacun element,
Façonne un rond tendant egalement  115
    Au centre de son ame :
Son firmament est peinct sur un beau front,
Tous ses desirs sont balancez en rond,
Son pole Artiq', et Antartiq', ce sont
    Les beaux yeux de sa Dame.  120

Cestuy, voulant plus simplement aymer,
Veult un Properce et Ovide exprimer,
Et voudroit bien encor' se transformer
    En l'esprit d'un Tibulle :
Mais cestuy-la, comme un Petrarque ardent,  125
Va son amour et son style fardant,
Cest autre apres va le sien mignardant,
    Comme un second Catulle.

\* \* \* \*

Je ry souvent, voyant pleurer ces fouls,  185
Qui mille fois voudroient mourir pour vous,
Si vous croyez de leur parler si doulx
    Le parjure artifice :
Mais quant à moy, sans feindre ny pleurer,
Touchant ce point, je vous puis asseurer,  190
Que je veulx sain et dispos demeurer,
    Pour vous faire service.

De voz beautez je diray seulement,
Que si mon œil ne juge folement,
Vostre beauté est joincte egalement                              195
    A vostre bonne grace :
De mon amour, que mon affection
Est arrivée à la perfection
De ce qu'on peult avoir de passion.
    Pour une belle face.                      200

Si toutefois Petrarque vous plaist mieux,
Je reprendray mon chant melodieux,
Et voleray jusqu'au sejour des Dieux
    D'une aele mieux guidée :
Là dans le sein de leurs divinitez                               205
Je choisiray cent mille nouveautez,
Dont je peindray vos plus grandes beautez
    Sur la plus belle Idée.

*Divers jeux rustiques*, xx, 1558

Ce poème avec le titre « A une Dame » parut d'abord dans le *Recueil de Poésie*, deuxième édition, 1553.

(30) Actéon qui entrevit Diane pendant qu'elle se baignait fut métamorphosé en daim, et ses propres chiens le dévoraient. (31) Méduse, l'une des Gorgons, transformait en pierre ceux qui la regardaient. (32) Atalante vainquit tous ceux qui couraient avec elle dans des compétitions avant d'être surclassée par Hippomène. (37) savez-vous (45) Selon la légende classique Sisyphe dut pousser éternellement sur la pente d'une montagne un énorme rocher qui retombait toujours avant d'atteindre le sommet. Ixion, par contre, fut attaché à une roue enflammée qui tournait éternellement dans les enfers. (48) Une référence à Titye. Deux vautours lui déchiraient incessamment le foie.

# LES ANTIQUITEZ DE ROME

## III

Nouveau venu, qui cherches Rome en Rome,
Et rien de Rome en Rome n'apperçois,
Ces vieux palais, ces vieux arcz que tu vois,
Et ces vieux murs, c'est ce que Rome on nomme.                  4

Voy quel orgueil, quelle ruine : et comme
Celle qui mist le monde sous ses loix,
Pour donter tout, se donta quelquefois,
Et devint proye au temps, qui tout consomme.      8

Rome de Rome est le seul monument,
Et Rome Rome a vaincu seulement.
Le Tybre seul, qui vers la mer s'enfuit,      11

Reste de Rome. O mondaine inconstance !
Ce qui est ferme, est par le temps destruit,
Et ce qui fuit, au temps fait resistance.      14

(7) quelquefois—une fois

## XXVIII

Qui a veu quelquefois un grand chesne asseiché,
Qui pour son ornement quelque trophée port,
Lever encor, au ciel sa vieille teste morte,
Dont le pied fermement n'est en terre fiché,      4

Mais qui dessus le champ plus qu'à demy panché
Monstre ses bras tous nuds, et sa racine torte,
Et sans fueille umbrageux, de son poix se supporte
Sur son tronc noüailleux en cent lieux esbranché :      8

Et bien qu'au premier vent il doive sa ruine,
Et maint jeune à l'entour ait ferme la racine,
Du devot populaire estre seul reveré.      11

Qui tel chesne a peu voir, qu'il imagine encores,
Comme entre les citez, qui plus florissent ores,
Ce vieil honneur poudreux est le plus honoré.      14

## LES REGRETS

### VI

Las, ou est maintenant ce mespris de Fortune ?
Où est ce cœur vainqueur de toute adversité,
Cest honneste desir de l'immortalité,
Et ceste honneste flamme au peuple non commune ?      4

Où sont ces doulx plaisirs, qu'au soir soubs la nuict
    brune
Les Muses me donnoient, alors qu'en liberté
Dessus le verd tapy d'un rivage esquarté
Je les menois danser aux rayons de la Lune ?      8

Maintenant la Fortune est maistresse de moy,
Et mon cœur, qui souloit estre maistre de soy,
Est serf de mille maux et regrets qui m'ennuyent.      11

De la posterité je n'ay plus de souci,
Ceste divine ardeur, je ne l'ay plus aussi,
Et les Muses de moy, comme estranges, s'enfuyent.      14

## IX

France, mere des arts, des armes et des loix,
Tu m'as nourry longtemps du laict de ta mamelle :
Ores, comme un aigneau qui sa nourrisse appelle,
Je remplis de ton nom les antres et les bois.      4

Si tu m'as pour enfant advoué quelquefois,
Que ne me repsons-tu maintenant, ô cruelle ?
France, France, respons à ma triste querelle.
Mais nul, sinon Echo, ne respond à ma voix.      8

Entre les loups cruels j'erre parmy la plaine,
Je sens venir l'hyver, de qui la froide haleine
D'une tremblante horreur fait herisser ma peau.      11

Las ! Tes autres aigneaux n'ont faute de pasture,
Ils ne craignent le loup, le vent, ny la froidure :
Si ne suis-je pourtant le pire du troppeau.      14

(5) quelquefois—jadis    (7) querelle—plainte    (12) ne manquent pas de pasture

## XXXI

Heureux qui, comme Ulysse, a fait un beau voyage,
Ou comme cestuy là qui conquit la toison,
Et puis est retourné, plein d'usage et raison,
Vivre entre ses parents le reste de son aage !      4

Quand revoiray-je, helas ! de mon petit village
Fumer la cheminée, et en quelle saison

Revoiray-je le clos de ma pauvre maison,
Qui m'est une province, et beaucoup davantage ?          8

Plus me plaist le sejour qu'ont basty mes ayeux
Que des palais Romains le front audacieux,
Plus que le marbre dur me plaist l'ardoise fine,          11

Plus mon Loyre Gaulois que le Tybre Latin,
Plus mon petit Lyré que le mont Palatin,
Et plus que l'air marin la doulceur Angevine.          14

(2) Jason (3) usage—expérience (14) Angevine—de l'Anjou, province
où naquit Du Bellay

## XXXVIII

O qu'heureux est celui qui peult passer son aage
Entre pareils à soy, et qui, sans fiction,
Sans crainte, sans envie, et sans ambition,
Regne paisiblement en son pauvre mesnage !          4

Le miserable soin d'acquerir davantage
Ne tyrannise point sa libre affection,
Et son plus grand desir, desir sans passion,
Ne s'estend plus avant que son propre heritage.          8

Il ne s'empeche point des affaires d'autruy,
Son principal espoir ne depend que de luy,
Il est sa court, son roy, sa faveur et son maistre.          11

Il ne mange son bien en pays etranger,
Il ne met pour autruy sa personne en danger,
Et plus riche qu'il est ne voudrait jamais estre.          14

## LXXXV

Flatter un crediteur, pour son terme allonger,
Courtiser un banquier, donner bonne esperance,
Ne suivre en son parler la liberté de France,
Et, pour respondre un mot, un quart d'heure y songer :          4

Ne gaster sa santé par trop boire et manger,
Ne faire sans propos une folle despense,
Ne dire à tous venans tout cela que l'on pense,
Et d'un maigre discours gouverner l'estranger;          8

Cognoistre les humeurs, cognoistre qui demande,
Et d'autant que l'on a la liberté plus grande,
D'autant plus se garder que l'on ne soit repris;            *11*

Vivre avecques chascun, de chascun faire compte :
Voila, mon cher Morel, dont je rougis de honte,
Tout le bien qu'en trois ans à Rome j'ay appris.            *14*

(8) gouverner—traiter avec (13) Jean de Morel d'Embrun, officier de la
maison royale et ami intime de Du Bellay

### LXXXVI

Marcher d'un grave pas et d'un grave sourci,
Et d'un grave soubriz à chascun faire feste,
Balancer tous ses mots, respondre de la teste,
Avec un *Messer non,* ou bien un *Messer si;*            *4*

Entremesler souvent un petit *Et cosi,*
Et d'un *son Servitor'* contrefaire l'honneste,
Et, comme si l'on eust sa part en la conqueste,
Discourir sur Florence, et sur Naples aussi;            *8*

Seigneuriser chascun d'un baisement de main;
Et, suivant la façon du courtisan romain,
Cacher sa pauvreté d'une brave apparence :            *11*

Voilà de ceste Court la plus grande vertu,
Dont souvent, mal monté, mal sain, et mal vestu,
Sans barbe et sans argent on s'en retourne en France.            *14*

(5) *Et cosi*—formule polie d'intérêt   (14) *Sans barbe* probablement à cause
de l'alopécie qui résulte des maladies vénériennes

### CXXX

Et je pensois aussi ce que pensoit Ulysse,
Qu'il n'estoit rien plus doulx que voir encor' un jour
Fumer sa cheminée, et apres long sejour
Se retrouver au sein de sa terre nourrice.            *4*

Je me resjouissois d'estre eschappé au vice,
Aux Circes d'Italie, aux Sirenes d'amour,

Et d'avoir rapporté en France à mon retour
L'honneur que lon s'acquiert d'un fidele service. 8

Las, mais apres l'ennuy de si longue saison,
Mille souciz mordans je trouve en ma maison,
Qui me rongent le cœur sans espoir d'allegeance. 11

Adieu donques (Dorat) je suis encor' Romain,
Si l'arc que les neuf Sœurs te meirent en la main
Tu ne me preste icy, pour faire ma vengeance. 14

(6) Les courtisanes (12) Dorat était le maître de la Pléiade (cf. p. 36).
(13) C'est-à-dire la poésie satirique.

### CXLV

Tu t'abuses, Belleau, si pour estre sçavant,
Sçavant et vertueux, tu penses qu'on te prise :
Il faut, comme l'on dit, estre homme d'entreprise,
Si tu veux qu'à la Court on te pousse en avant. 4

Ces beaux noms de vertu, ce n'est rien que du vent,
Donques, si tu es sage, embrasse la feintise,
L'ignorance, l'envie avec la convoitise :
Par ces arts jusqu'au ciel on monte bien souvent. 8

La science à la table est des seigneurs prisée,
Mais en chambre, Belleau, elle sert de risée :
Garde, si tu m'en crois, d'en acquérir le bruit. 11

L'homme trop vertueux déplaît au populaire :
Et n'est-il pas bien fol, qui s'efforçant de plaire,
Se mesle d'un mestier que tout le monde fuit ? 14

(1) Pour Belleau, voir à la page 81.

## Jacques Peletier Du Mans
### (1517-1582)

JACQUES PELETIER was born at Le Mans but he spent lengthy periods
of time in half a dozen other cities in France and Switzerland. His early
studies were pursued at the Collège de Navarre in Paris. It was just

after this that he was welcomed into the circle of Marguerite de Navarre where he met the Protestant theologian Théodore de Bèze who was to remain a close friend despite their difference in religion.

From 1540 to 1543 Peletier was secretary to René Du Bellay, Bishop of Le Mans. He is thought to have met Ronsard at Le Mans in 1543 before either of them had published any poetry.

Most of Peletier's life is closely connected with higher education. He served at different times as principal of the colleges of Bayeux (1544–1548), Guyenne in Bordeaux (1572–1573), and Le Mans in Paris (1580–1582).

Peletier was especially interested in mathematics, medicine, and philology. He published numerous works on arithmetic, algebra, and geometry in both French and Latin and he wrote learned articles on medicine in Latin. He was involved in contemporary disputes about orthography and phonetics and recommended drastic reforms in his *Dialogue de l'Ortografe e Prononciacion Françoese* (1550). Much of his later poetry is transcribed according to the principles he set out in this treatise.

Peletier translated Horace's *Art poétique* in 1544 and published his own *Œuvres poëtiques* in 1547. He first produced imitations of Homer, Virgil, Horace, Martial, and Petrarch but in his *L'Amour des Amours* (1555) he boldly linked love poetry with philosophic and scientific thought. His *Art poëtique* of the same year is an important document reaffirming the principles of the Pléiade from a moderate point of view. Peletier's last works—*La Savoye* (1572), a long poem in three books dedicated to Marguerite de France, Duchesse de Savoye, and *Les Louanges* (1581)—are not particularly interesting.

It is as a link between Marot and the Pléiade that Peletier is important. In many ways he was a precursor of Ronsard and Du Bellay, and, like Dorat, a catalyst in helping to spark the reaction against a concept of poetry which the new school considered outmoded.

REFERENCES

L'Abbé Clément Jugé, *Jacques Peletier du Mans (1517–1582), Essai sur sa vie, son œuvre, son influence* (Paris, Lemerre, 1907).

A. M. Schmidt, *La Poésie scientifique*, pp. 7–69 (Paris, Michel, 1939).

*L'Art poétique de Jacques Peletier du Mans (1555)*, ed. André Boulanger (Paris, Les Belles Lettres, 1930).

Jacques Peletier, *Les Œuvres poétiques* (photographic reproduction), ed. Marcel Françon (Tours, Clarey, 1958).

## L'AUTONNE

L'Astre annuel gouverneur des saisons
En discourant les celestes maisons
Laisse la Vierge Astrée,
Et fait l'egal sejour
De la nuit et du jour,                                   5
Ayant la Livre entrée :
Bacchus qui regne en son vineux Autonne
Fait apprester pressoir, cuvier et tonne.
    Ses brodequins le vendangeur despouille,
Des piez trepigne, et de moust il les souille :          10
Le grain qu'il va foullant
A grand torrent degoutte
Ceste premiere goutte
En la cuve coulant'.
Et puis le fust sus le marc on fait geindre,             15
Pour jusqu'au sec le geiner et estreindre.
    Taons et bourdons murmurent à lentour :
Du doux raisin d'allée et de retour :
Et la guespe assouvie
De la fleurante odeur                                    20
Perd par trop grand' ardeur
En pleine mer sa vie :
Le mouscheron qui du fumer s'enyvre
Meurt au milieu de ce qui le fait vivre.
    Muiz et tonneauz peuvent suffire à peine          25
Pour recevoir ceste vinée pleine.
Le vin qui bout et fume
De chaleur tant abonde
Qu'il fait saillir la bonde,
Pour getter son escume :                                 30
O combien est asseuré le cerveau,
Que n'estourdit ce breuvage nouveau !
    Les jours et nuitz se sentent maintenant
Moins de l'Esté que de l'Hyver venant :
Ce temps si variable                                     35
Avec quatre discors,
A la santé du corps
Est bien peu amyable :
Chacun se garde alors que ne l'accueille

Le mal qui l'homme emporte avec la feuille.     **40**
   Estre tu doiz Pomonne icy presente :
Ceste saison n'est de tes dons exempte :
Les arbres appuyez
D'autre que de leur bois,
De porter ce grief pois     **45**
Sont desja ennuyez :
Le jaune Coing, la Pomme vermeillette
Monstrent à l'œil qu'ilz sont en leur cueillette.
   Cest arbre la mon grand pere a planté,
Cest autre icy moymesme j'ay enté :     **50**
L'arbre s'esbahit bien
De sa nouvelle branche,
Et la souche non franche
D'un fruit qui n'est pas sien.
L'homme par art à Nature commande     **55**
Que son aspresse en dousseur ell'amende.
   Tu as l'honneur, Autonne, de tous fruiz,
Fors quelque peu que l'Esté a destruiz :
Car besoing a esté
Sa force immoderée     **60**
Estre un peu temperée
Par contrarieté :
Mais toy, d'autant que ta cueillette tarde,
Faiz que les fruiz sont de meilleure garde.
   Les soufflemens des vens froidz, lens et secz     **65**
Hument l'humeur d'arbres, plantes, et seps :
Vulturne qui tout pille
Les bois à sa venue
De leur feuille desnue :
Et en l'air l'eparpille :     **70**
Toute la terre en lieu de robe verte
De grans monceaux de feuilles est couverte.

*Œuvres poëtiques*, 1547

(3 et 6) Il s'agit des signes du Zodiaque (Virgo, Libra) qui désignent
l'automne. (10) moust—jus de raisin (15) fust—fût; marc—résidu de
fruits qu'on a pressés (29) la bonde—le bouchon de bois d'un tonneau
(41) Pomone était la divinité des fruits et des jardins. (56) aspresse—
âpreté (67) Vulturne—le vent impétueux du sud-est qui faisait de grands
ravages, surtout en automne

# AU SEIGNEUR PIERRE DE RONSARD
## L'INVITANT AUX CHAMPS

Je suis las de la ville
Qui bruit comme tempeste,
Ceste tourbe civile
M'allourdit et enteste :
Allons cueillir la guigne,                    5
Allons voir les champs vers,
Les arbres tous couvers,
Et la fleur en la vigne.

   Pour avoir attendu
Un petit trop long temps,                     10
Je crains qu'ayons perdu
Maintz joyeux passetemps:
Les rossignolz gentilz
Ayans leurs eufz esclos,
Ont ja le gosier clos,                        15
Songneux de leurs petitz.

   Les fleurs d'odeur naïve
Des arbres sont faillies :
Roses de couleur vive
Sont ja presque cueillies :                   20
Ces fausses Bergerettes,
Par les prez et bosquetz
Pour faire leurs boucquetz
Ont pillé les fleurettes.

   Sus doncq', allons, à coup,            25
Ce peu de temps durant,
Ce nous sera beaucoup
D'avoir leur demeurant :
Le grain est deu à ceux
Que diligence guide,                          30
La paille toute vide
Est pour les paresseux.

   Maintz plaisirs sans cela
Se monstreront à nous,
Nous verrons ça et là                         35
L'herbe jusqu'aux genoux :
Chardonnetz et Linotes,

Tourtres es hautz ormeaux,
Tarins sus les rameaux
Sonneront gayes notes.                                    40
  Là nous jugerons bien
Des fruitz de ceste année,
Et pourrons voir combien
Montera la vinée :
Car au dit de tous hommes,                                45
Ce qui est en la grape
Est force qu'il eschape,
Veu le temps où nous sommes.
  Nous verrons es vergers
Fruitz verdeletz sans nombre :                            50
D'autre part les Bergers
Se reposer en l'ombre :
Et les Chëvres barbues
Les buissons brouteront,
Les Chevreaux sauteront                                   55
Es praeries herbues.
  Nous verrons le ruisseau
Es prez faisant son tour,
Avec maint arbrisseau
Planté tout alentour :                                    60
Mais tant soit clair et sœf,
Si n'en bevrons nous point,
De bon vin mieux appoint
Estancherons la soif.
  Une bouteille pleine                                    65
De ce bon vin bourg'ois
Nous ostera de peine
En ces lieux villag'ois :
Autrement que seroit ce ?
Le gendarme endurci                                       70
N'a eu aucun merci
De bourg ny de paroisse,
  Le ravage sans regle
A desfonsé les muiz,
Orge fourment et segle                                    75
Leur ont esté destruiz :
Portons doncq' des poulletz.
Et quelque gras jambon,

Pour trouver le vin bon
Dedans les gobeletz.                               80
    Ce temps d'estrange sorte
Bien doit estre tenu,
Puis qu'aux champs on reporte
Ce qui en est venu :
Jadis, tout au rebours,                            85
Laboureurs florissoient,
Allors qu'ilz fournissoient
La ville et les forbours.
    Or le temps reviendra
En despit de rigueur,                              90
Qu'aux champs on se tiendra
En joye et en vigueur :
Nous y ferons sejour
Lors sans melancholie,                             95
Mais ores c'est follie
D'y estre plus d'un jour.

                *Œuvres poëtiques*, 1547

Ce poème fut composé probablement pendant que les deux poètes étaient à Paris. Peletier invite Ronsard à passer une journée à la campagne.

(15) ja—déjà

## A UN POETE QUI N'ESCRIVOIT QU'EN LATIN

    J'escri en langue maternelle,
Et tasche à la mettre en valeur :
Affin de la rendre eternelle,
Comme les **vieux** ont fait la leur :
Et soutien que c'est grand malheur              5
Que son propre bien mespriser
Pour l'autruy tant favoriser.
    Si les Grecz sont si fort fameux,
Si les Latins sont aussi telz,
Pourquoy ne faisons nous comme eux,             10
Pour estre comme eux immortelz ?
Toy qui si fort exercé t'es,
Et qui en Latin escriz tant,

Qu'es tu sinon qu'un imitant ?
  Croiz tu que ton Poeme approche          *15*
De ce que Virgile escrivoit ?
Certes non pas (tout sans reproche)
Du moindre qui du temps vivoit.
Mais le François est seul qui voit
Ce que j'escri : et si demeure          *20*
En la France, or j'ay peur qu'il meure.
  Le respons, quoy que tu escrives
Pour l'envoyer en lointains lieux,
Sans ce que les tiens tu en prives,
On pense tousjours que des vieux          *25*
Le style vaut encores mieux :
Puis nostre langue n'est si lourde,
Que bien hault elle ne se sourde.
Long temps y a qu'elle est congnue
En Italie et en Espagne,          *30*
Et est desja la bien venue
En Angleterre et Allemaigne :
Puis si en l'honneur on se baigne,
Mieux vault estre icy des meilleurs,
Que des mediocres ailleurs.          *35*
  Or pource qu'es Latins et Grecz
Les ars sont reduiz et compris,
Avec les Naturelz segretz,
C'est bien raison qu'ils soient appris :
Mais comme d'un riche pourpris,          *40*
Tout le meilleur il en faut prendre,
Pour en nostre langue le rendre :
  Là où tout peut estre traitté,
Pourveu que bien tu te disposes :
S'il y a de la pauvreté,          *45*
Qui garde que tu ne composes
Nouveaux motz aux nouvelles choses ?
Si mesme à l'exemple te mires
De ceulx là que tant tu admires ?

*Œuvres poëtiques*, 1547

Il n'est pas certain à qui s'adresse Peletier.

# Remy Belleau
## (1528-1577)

LITTLE IS KNOWN about Remy Belleau's youth except that after he left his native Perche, he completed his education at the Collège de Boncourt in Paris. His first published poetry (1556) was a collection consisting of *Odes* (in imitation of Anacreon) and a group of *Petites Inventions et autres poésies*, which were *hymnes blasons* describing such objects as a butterfly, a cherry, a glow-worm, and so on. Ronsard was charmed by the work and hailed Belleau as the seventh star of his newly conceived Pléiade.

In 1563 Belleau went to the chateau of Joinville where he spent three years as preceptor to the young son of the Marquis d'Elbeuf who was a brother of the second Duc de Guise. Here he composed his next major work, *La Bergerie*, a mixture of prose and poetry in imitation of the *Arcadia* of Sannazar. The *Première journée* was published in 1565 and an expanded version including a *Seconde journée* appeared in 1572.

Belleau probably remained in the service of the Guise-Lorraine family until his death in 1577. His third important collection of poetry, *Les Amours et nouveaux Eschanges des Pierres precieuses, vertus et proprietez d'icelles*, was published in 1576. Belleau is also the author of a comedy, *La Reconnue*, composed about 1563 but published posthumously in 1578 in the complete edition of his works given by his friends.

Belleau is a keen observer and a skilful versifier. He leans heavily on models (Latin, French, Greek) and seems to prefer descriptive poetry, whether of nature or of inanimate objects. His erudition was immense but he purposely avoided grandiose themes calling for a long development and lyric themes which would have revealed too much of his personal feelings. He is at his best in exquisitely fashioned miniatures where the perfection of the form is in complete harmony with the elegance of the expression.

REFERENCES

REMY BELLEAU, *La Bergerie* (text of the edition of 1565), ed. Doris Delacourcelle (Geneva, E. Droz, 1954).

U. T. HOLMES, "The Background and Sources of R. Belleau's *Pierres précieuses*," *PMLA*, LXI (1946), 624-35.

The complete works are available in the edition by Marty-Laveaux (Paris, Lemerre, 1878).

## DESCRIPTION DES VENDANGES

C'estoit en la saison que la troupe rustique
S'apreste pour couper de cette plante unique,
De ce rameau sacré, le raisin pourprissant :
C'estoit en la saison que le fruit jaunissant
Laisse veuve sa branche, et le souillard Autonne     5
Fait écumer les bords de la vineuse tonne,
Un chacun travailloit, l'un apres le pressouer,
L'autre à bien étouper le ventre à l'entonnouer,
Et d'un fil empoissé avec un peu d'étoupes
Calfeutrer les bondons, les uns lavoient les coupes,     10
Et rinssoient les barils, autres sur leurs genoux
Aguysoient des focets pour percer les vins doux,
Et piquotant leurs flancs d'une adresse fort gaye
En trois tours de foret faisoient seigner la playe,
Puis à bouillons fumeux le faisoient doisiller     15
Louche dedans la tasse, et tombant petiller,
Les autres plus gaillars sur les grapes nouvelles
A deux pieds s'afondroient jusques sous les aiselles,
Les uns serroient le marc, les autres pressuroient,
Les uns pour vendanger sur la pierre émouloient     20
Le petit bec crochu de leurs mousses serpettes,
Les uns trempoient l'ozier, les autres leurs tinettes,
Leurs hottes, leur étrain, dedans les clers ruisseaux,
Autres alloient raclant les costes des vaisseaux
De gravelle emaillée, et de mousse couvertes,     25
Les autres leur serroient les levres entrouvertes
D'un cercle de peuplier, cordonné d'oziers francs,
Puis à coups de maillet leur rebattoient les flancs :
Les uns buvoient aux bords de la fumante gueulle
Des cuves au grand ventre, autres tournoient la meulle     30
Faisant craquer le grain, et pleurer le raisin,
Puis sous l'arbre avallé, un grand torrent de vin
Rouloit dedans la met, et d'une force estrange
Faisoient geindre le bois, et pleuvoir la vendange,
Autres à dos panché entonnoient à plain seau     35
La bouillante liqueur de ce vin tout nouveau,

Autres alloient criant de leur puissance toute
Qu'au pié des seps tortus on fist la mere goute,
Et chancellant de pieds, de teste, et de genoux,
S'enyvroient seullement au fumet des vins doux.                    40

*La Bergerie*, 1565

(10) bondon (bonde)—le bouchon de bois d'un tonneau   (12) focet (faus-
set, fosset)—petite cheville de bois pour boucher le trou fait à un tonneau
avec un foret, en vue de goûter le vin   (14) foret—outil de fer destiné à
percer   (15) doisiller—faire des trous à une barrique   (19) marc—résidu
de fruits (22) tinette—tonneau qui sert à transporter la vendange (23)
étrain—paille   (25) gravelle—tartre, lie de vin desséchée   (33) met (mait)
—auge ou rigole du pressoir dans laquelle coule le vin pressuré


# AVRIL

Avril, l'honneur et des bois
    Et des mois;
Avril, la douce espérance
Des fruicts qui sous le coton
    Du bouton                                                5
Nourrissent leur jeune enfance;

Avril, l'honneur des prez verds,
    Jaunes, pers,
Qui d'une humeur bigarrée
Emaillent de mille fleurs                                           10
    De couleurs
Leur parure diaprée;

Avril, l'honneur des soupirs
    Des Zephyrs,
Qui sous le vent de leur aelle                                      15
Dressent encor ès forests
    Des doux rets
Pour ravir Flore la belle;

Avril, c'est ta douce main
    Qui du sein                                                20
De la nature desserre
Une moisson de senteurs
    Et de fleurs,
Embasmant l'Air et la Terre.

Avril, l'honneur verdissant,                    25
        Florissant
Sur les tresses blondelettes
De ma Dame, et de son sein
        Toujours plein
De mille et mille fleurettes.                    30

Avril, la grace et le ris
        De Cypris,
Le flair et la douce haleine;
Avril, le parfum des Dieux
        Qui des Cieux                            35
Sentent l'odeur de la plaine :

C'est toi courtois et gentil
        Qui d'exil
Retires ces passageres,
Ces arondelles qui vont                          40
        Et qui sont
Du printemps les messageres.

L'aubespine et l'aiglantin,
        Et le thym,
L'œillet, le lis, et les roses,                   45
En cette belle saison
        A foison
Monstrent leurs robes écloses.

Le gentil rossignolet
        Doucelet                                 50
Decoupe dessous l'ombrage
Mille fredons babillars,
        Fretillars,
Au doux chant de son ramage.

C'est à ton heureux retour                       55
        Que l'amour
Souffle à doucettes haleines
Un feu croupi et couvert
        Que l'hyver
Receloit dedans nos veines.                      60

Tu vois en ce temps nouveau
        L'essain beau

De ces pillardes avettes
Volleter de fleur en fleur,
    Pour l'odeur                 65
Qu'ils mussent en leurs cuissettes.

May vantera ses fraischeurs,
    Ses fruicts meurs
Et sa féconde rosée,
La manne et le sucre doux,          70
    Le miel roux
Dont sa grace est arrosée.

Mais moi je donne ma voix
    A ce mois
Qui prend le surnom de celle      75
Qui de l'escumeuse mer
    Veit germer
Sa naissance maternelle.

*La Bergerie*, 1572
*Première journée*

(16) ès—dans les  (18) Flore est la déesse des fleurs, ici les fleurs mêmes.
(32) **Cypris**—Vénus  (40) arondelles—hirondelles  (43) aiglantin—églan-
tin  (52) fredons—airs  (58) croupi—caché  (63) avettes—abeilles  (66)
mussent—cachent  (78) Selon la légende Vénus naquit de la mer près de
Chypre.

## MES OS SONT PRIS

Mes os sont pris tout le long de mon dos
Contre ma peau, et ma chair ulcerée
En s'y collant s'est du tout retirée,
Et ne suis plus qu'une ordonnance d'os,
Sauf eschappé des fieres destinées,       5
Monstrant la peau de mes dents descharnées.
   Prenez pitié, prenez pitié de moy
Vous mes amis, jusqu'à tant que je meure :
La main de Dieu m'a touché à ceste heure
En sa fureur, je le sens et le voy :      10
Laissez moy donc puis que Dieu me tourmente,
Ne rongez plus ma charongne puante.

Que mon propos fust escrit en papier,
Et ma douleur en pierre bien taillée,
Ou d'un burin gravée et cizelée           *15*
Sur une table ou de plomb, ou d'acier,
A celle fin qu'elle fust eternelle
Et à jamais on eust memoire d'elle,
   Je sçay que Dieu vit eternellement,
Et sçay aussi apres que la vermine        *20*
Aura rongé la chaire de ma poitrine,
Que de mes yeux le verray pleinement,
Et se tiendra le dernier sur la terre
Haut eslevé pour nos pechez enquerre.
   Lors je verray là haut dedans les cieux    *25*
Sa majesté, et contemplant sa face
Me cacheray sous l'aile de sa grace,
Et vien que luy ne verray de mes yeux :
Pauvre pecheur ayant mis l'esperance
De mon salut en sa grande clemence.       *30*

*La Bergerie*, 1572
*Seconde journée*, viii

## L'HYVER

### AU SEIGNEUR ESTIENNE JODELLE

   L'Hyver palle de froid, au poil aspre et rebours,
Des fleuves languissants avoit bridé le cours,
La Bise commandoit sur les tristes campagnes,
Les arbres sembloyent morts, le sommet des montagnes,
Les rochers, et les bois, pour la froide saison,     *5*
Portoyent de neige espaisse une blanche toison :
On ne voyoit sinon les rives descouvertes
Des marests paresseux, et les bordures vertes
Des fontaines d'eau vive, et des coulans ruisseaux,
Dedans les chesnes creux se mussoyent les oyseaux   *10*
Le pié dedans la plume, et la famine dure
Seule les tiroit hors pour chercher leur pasture.
Les lingots distilez en pointes de glaçons
Pendoyent aux bords des toits, l'englée et les frissons,
Mesme devant le feu, de la troupe tremblante    *15*

Tenoit les doigts jarcez de froidure mordante :
Bref, l'extreme rigueur de la morte saison
Tenoit clos et couvert chacun en sa maison.
   En la nostre pourtant la petite mesgnie
Ne se trouvoit jamais de paresse engourdie,            20
Quelque temps que ce fust, chacun voulant choisir
Quelque honneste labeur pour se donner plaisir :
Car si tost que l'oyseau à la creste pourprée :
Reveilloit du matin la lumiere dorée,
Un chacun se levoit; Collin ce bon chevrier           25
Bien nay pour le mesnage, et non moins bon ouvrier
D'emboucher le flageol, encor que la vieillesse
Luy raccourcist le vent, d'une gente allaigresse
Commandoit à ses gens, aux uns d'avoir le soin,
De donner aux taureaux de la paille et du foin,        30
Aux pourceaux de la foine, aux brebis camusettes
Des fueilles pour brouter, et des branches tendrettes :
Aux autres commandoit de faire des gluaux,
Des laçons, des filets, pour tromper les oyseaux,
D'équiper la charrue, et pour son attirage         35
Tresser du poil de chevre à faire du cordage.

De sorte que chacun sçavoit son fait, tant pour le regard de la bouverie, que pour la bergerie. Le soir venu, apres avoir soupé chacun reprenoit son ouvrage, et travailloit à l'entour d'un grand feu, filles, garçons, tous pesle mesle, soulageant leur travail des chansons qu'ils disoyent, et des contes qu'ils faysoient l'un apres l'autre.

*La Bergerie*, 1572
*Seconde journée*

Pour Jodelle, voir à la page 97.

(16) jarcez—gercés (19) mesgnie (maisonnée)—ceux qui habitent la maison (33) gluau—petite branche enduite de glu qui sert à prendre les petits oiseaux

## LA PIERRE INEXTINGUIBLE DITTE ASBESTOS

Je chante la pierre sacrée
Qui devant Venus la sucrée
Flamboye en son temple divin,

Sans que point elle diminue,
Mais que nuit et jour continue,                             5
Bruslant sans jamais prendre fin.
    Feu que la tempeste cruelle,
La pluye, le vent, ny la gresle
Jamais n'esteint, quand une fois
D'autre flamme elle a pris amorce,                          10
Tousjours ardant sans que sa force
Se consomme ainsi que le bois.
    De tel feu mon cœur et mes veines
Au lieu de sang sont toutes pleines :
C'est un feu qui brusle tousjours,                          15
Un feu couvert qui prend croissance,
Et qui de nerf en nerf s'avance
Comme s'avancent mes amours.
    Mais mon ardeur est si couverte
Que pour mieux publier la perte                             20
Et le dechet de mes beaux ans,
Fussé-je d'une roche ardente
Pour rendre ma flamme evidente
Aux yeux des mal-traitez amans.
    On la foüille dans la rochade                            25
Des monts sourcilleux de l'Arcade,
Qui s'en sert comme d'un flambeau :
Elle est de couleur brunissante,
Comme une lame pallissante
De l'acier teint en couleur d'eau.                          30
    C'est trop servi ceste Deesse,
Va te ranger pres la maistresse
Qui me dérobe le beau jour :
Va, Pierre, et rechaufe son ame
Qui s'échaufe de toute flame,                               35
Hors-mis de celle de l'Amour.

*Les Amours et nouveaux Eschanges*
*des Pierres precieuses*, 1576

(21) dechet—déclin   (26) L'Arcadie est la contrée légendaire au centre du
Pélopenèse.

# Jean-Antoine de Baïf
## (1532-1589)

JEAN-ANTOINE DE BAÏF was the illegitimate son of Lazare de Baïf, an eminent humanist and diplomat. Born in Venice, he was brought back to France at the age of two and, while still very young, entrusted to the most distinguished tutors available so that he might receive the best education possible. It was in 1544 that his father brought Jean Dorat into his home as his son's preceptor and invited the young Ronsard to share in the lessons. When Lazare de Baïf died in 1547, Dorat became principal of the Collège de Coqueret where he and his two pupils were joined by Joachim Du Bellay, apparently at Ronsard's invitation. Here we have the beginnings of the youthful Pléiade, which was officially launched with the *Deffence et illustration de la langue françoyse* in 1549.

Baïf followed the example of Du Bellay and Ronsard by publishing his first *Amours* in 1552. These were followed by a greatly expanded collection in 1555. A play, *Le Brave* (imitated from Plautus), was presented in 1567.

As a result of his classical studies, Baïf was very interested in poetic theory. As early as 1567, he experimented with French psalm paraphrases in *vers mesurés*. These were unrhymed lines based not on tonic accent and syllable count but rather an quantity (long and short), in imitation of Latin verse. Baïf discussed with musician friends the merits of setting such verse to music and in 1570, along with the composer Thibaud de Courville, founded L'Académie de Poésie et de Musique. Baïf proceeded to give versions of all the psalms in *vers mesurés* and many of these were set to music along with other poems which appeared in the *Etrénes de poézie fransoêze an vers mezurés* (1574).

The first academy had been founded under letters patent granted by Charles IX. When he was succeeded by Henri III in 1574, the academy was re-incorporated as L'Académie du Palais. It continued to meet and discuss poetry as well as moral virtues and other such topics until 1584. Its members included the king himself, Ronsard, Belleau, Desportes, and many of the intellectuals of the period including some women (the Maréchale de Retz, Madeleine de Laubespine-Villeroy).

After the edition of his *Euvres en rime* in 1573, Baïf devoted himself mainly to the composition of a poetic project to which he gave the title *Mimes, Enseignemens et Proverbes.* In the first edition in 1576, the work consisted mostly of proverbs rhymed without any particular attention to logic. Various fables were incorporated into the edition of 1581 and a variety of other material—satire, political commentary, and so on— into the posthumous edition of 1597 which ran to almost 7,500 lines of verse.

Baïf is not a particularly original poet despite his many experiments. His early works drew heavily on Italian and classical sources and his attempts at *vers mesurés* were not successful except when set to music. His later poetry was uninspired even though his contemporaries all paid tribute to his erudition. The total volume of his works (published and unpublished) undoubtedly exceeds that of any other member of the Pléiade but no one would argue that Baïf is a misunderstood genius. His interest lies in his association with Ronsard and Du Bellay and the two academies.

**REFERENCES**

M. Augé-Chiquet, *La Vie, les idées et l'œuvre de Jean-Antoine de Baïf* (Paris, Hachette, 1909).

Frances Yates, *French Academies in the Sixteenth Century* (London, Warburg Institute, 1947).

L. Clark Keating, *Studies in the Literary Salon in France* (1550–1615) (Cambridge, Mass., Harvard University Press, 1941).

The *Euvres en rime* have been edited by Marty-Laveaux, in five volumes (Paris, Lemerre, 1881–1890).

## QUELCUN LISANT CES VERS

Quelcun lisant ces vers renfroignera sa mine,
En disant que je per le temps bien follement,
D'employer mon estude à si bas argument,
Faisant de chose humaine une chose divine.            4

Mais qu'il s'en vienne voir les graces de Francine,
Et je sçay bien alors, plein d'ébayssement,
Il me confessera : Je ne pensoy vrayment,
Que de si grand' beauté nostre terre fust dine.       8

Et me dira, Pauvret, la charge que tu prens,
Pourroit bien de son faix acabler les plus grans,
Et pourroit bien forcer les plus forts de se rendre.                11

Toucher à cest honneur Petrarque n'oseroit,
Homere ny Virgil sufisant n'y seroit :
Or en œuvre si grand c'est assez d'entreprendre.                14

*Le Livre de l'amour de Francine* I, lxxiii, 1555

## HIER CUEILLANT CESTE ROSE

Hier cueillant ceste Rose en Autonne fleurie,
Je my devant mes yeux nostre Esté qui s'enfuit,
Et l'Autonne prochain, et l'Hyver qui le suit,
Et la fin trop voisine à nostre chere vie.                4

La voyant aujourduy languissante et fletrie,
Un regret du passé à plorer me conduit.
La raison que le dueil pour un temps a seduit,
Juge que cet exemple à plaisir nous convie.                8

Belle, que vous et moy serons bien à reprendre,
Hé, si le bien present nous dedaignons de prendre
Tant que voyans le jour icy nous demourons.                11

Las, helas ! chaque Hyver les ronces effueillissent,
Puis de fueille nouvelle au Printemps reverdissent,
Mais sans revivre plus une fois nous mourons !                14

*Diverses Amours*, I, xlviii

## DE SON AMOUR

Je n'aime ny la pucelle
(Elle est trop verte) ny celle
Qui est par trop vieille aussi.
Celle qui est mon soucy
C'est la femme desja meure.                5
La meure est tousjours meilleure :
Le raisin que je choisi
Ne soit ny verd ny moisi.

*Premier Livre des Passetems*

## LA ROSE

La rose est une belle fleur,
Si on la cueille en sa vigueur.
La voiez-vous fresche et fleurie ?
Ce soir elle sera fletrie.

*Deuxième Livre des Passetems*


## A JACQUES PELETIER

Mais d'où vient cela je te prie,
Peletier, que durant sa vie
Le Poëte mieux accomply
Ne se veoit jamais anobly,
Et bien peu souvent se voit lire                              5
Quelque beau vers qu'il puisse écrire :
Et que tousjours on prise mieux
Que les plus jeunes les plus vieux :
Bien que des jeunes l'écriture
Ait plus exquise polissure :                                 10
Encor que les vers plus âgez
Trainent des flots plus enfangez ?
   Peletier, est-ce que l'envie
Acompagne l'humaine vie,
Qui aussi tost sa rage éteint                                15
Que la vie a son but ateint ?
N'est-ce point qu'à regret on laisse
Ce qu'on ayme dés la jeunesse,
Et qu'on ne peut mettre en oubly,
Ny delaisser son premier ply ?                              20
   Son aage se moquoit d'Homere :
On lisoit Enne le vieil pere,
Que Rome avoit Maron vivant.
Jamais comme l'âge suyvant,
On n'a vu que le present âge                                 25
Donnast l'honeur et l'avantage
A qui le meritant vivoit
Aussi grand que le mort l'avoit.
   Mais quoy que ce soit, petit Livre,

Pour moy ne te haste de vivre :                    30
Je ne suis pressé d'avoir nom,
Puis que tant couste le renom.

*Quatrième Livre des Passetems*

Pour Jacques Peletier, voir à la page 73.

(12) enfangez—couverts de fange   (23) Maron—Virgile

## A  REMY  BELLEAU

Quel autre bien plus grand
    Console nostre vie,
    Que la joye qu'on prend
    D'une amitié qui lie,
    Belleau, les mesmes cœurs                    5
    D'un noeu de mesmes mœurs ?
Parmy tant de travaux
    Qui troublent nostre race,
    Le seul confort des maux
    Que le malheur nous brasse,                    10
    C'est l'amy qui segret
    Entend nostre regret.
Mais, ô rare joyau,
    Joyau presque aussi rare
    Qu'est rare cet oyseau                    15
    Qui au païs Barbare
    De sa cendre renaist,
    L'oyseau qui plus d'un n'est.
Maint de feinte amitié
    Trompe l'humaine vie                    20
    De fausse mauvaistié,
    Et de traitresse envie,
    Et d'obscure rancœur,
    Ayant enceint le cœur.
Maint par mainte moisson                    25
    D'une apparence belle,
    Fuyant toute tançon
    Te fera du fidelle,

Tirant sous bonne foy  
Tout le secret de toy.     30  
Mais si tost qu'il sçaura  
Le fond de ta pensée,  
Et que preste il aura  
Sa traison pourpensée,  
Traistre (si le peut bien)     35  
T'ostera de ton bien.  
L'autre durant ton heur  
Suivira ta fortune :  
Si tost que le malheur  
Menacera ta hune,     40  
Debarqué de ta nef  
Fuira de ton mechef.  
Et comme le Daufin,  
Qui suit la nef qui nage,  
L'abandonne à la fin     45  
Où l'eau faut au rivage :  
Ainsi l'amy flateur  
Delaisse, où cesse l'heur.  
Un autre cependant  
Que des biens la balance     50  
Egalement pendant,  
Plus à l'un ne s'elance  
Qu'à l'autre, te suivra  
Et ton amy vivra.  
Mais si tost que le bien     55  
Haussera sa richesse,  
Adieu le beau lien  
Qui pareils vous empresse :  
D'un faut avec son heur  
Il éleve son cœur :     60  
Et du tout oublieux  
De sa fortune basse,  
Ne daigne glorieux  
Baisser sa fiere face  
Vers son compagnon bas,     65  
Qu'il ne recognoist pas.  
La sincere Amitié  
Avec la vierge Astrée,

La vertu, la Pitié,
Durant l'âge dorée                    70
Hantans ces manoirs bas
Ne nous dedaignoyent pas.
Mais depuis qu'en argent
Finit l'âge dorée,
Et l'argent se changeant              75
En airein, la ferrée
Retient apres l'airein
L'empire souverain :
De pis en pis deslors
Toutes choses s'empirent.             80
Tous les vices dehors
Des noirs enfers saillirent :
Les rages, les rancueurs
Empoisonnent les cœurs.
Des hommes vicieux                    85
Astrée dedaignée
S'envola dans les cieux,
Des sœurs accompagnée,
Qui fuoyent des humains
Les violentes mains.                  90
Vertus dés ce tems cy
Fuyent l'humaine race :
Et, s'elles ont soucy
De quelcun de leur grace,
Leurs presens precieux                95
Coulent en nous des cieux.
Mais des cieux seroit point
Nostre amitié venuë,
Qui nos deux ames joint,
Belleau, d'une foy nuë,              100
Avec telle douceur
Glissant dans nostre cœur ?

*Huitième Livre de Poëmes*

Pour Belleau voir à la page 81.

(18) Il s'agit du phénix, l'oiseau fabuleux qui renaissait de ses propres
cendres. (27) tançon—querelle (34) pourpensée—méditée longuement

(37) heur—bonheur　(40) hune—plate-forme élevée en saillie autour et à l'extrémité supérieure d'un bas mât qui la traverse

## DES MIMES

Celuy qui ha la bien naissance
D'esprit et cors pour la vaillance,
Disons-le noble-né vraiment.
En touts endroits on peut bien vivre.
Qui la vertu seule veut suivre　　　　　　　55
Ne plaist au peuple entierement.
　　Plus il y ha de défiance,
Plus au chemin ha d'assurance.
Contreinte au faineant donne soing.
Perdre honte est un mal extrême.　　　　　60
Bien malheureux est, qui soy même
Se peut reprocher pour témoing.
　　O que d'heur auroit nostre vie
Si nous n'avions de rien envie
Sinon des choses d'ici bas !　　　　　　　65
Trop cherchans perdons l'avantage.
Des humains l'human le plus sage
A toute heure sage n'est pas.
　　Chacun son heur forge à sa mode :
Pas un de touts ne s'acomode,　　　　　　70
Faulte de borner son desir.
Quand l'un finist l'autre commence :
Et cherchons en la jouissance
D'un plaisir un autre plaisir.
　　Il est Roy qui sçait rien ne creindre :　　75
C'est bien, à ses souhets ateindre,
Tout de mesure et de saison.
Sur tout l'outrecuidance on prise :
En ce temps on tient pour sotise
De se contenter de raison.　　　　　　　　80

Cet extrait des *Mimes et proverbes* se trouve dans le deuxième livre dans le poème qui commence « Pinard, les escrits ordinaires » (ll. 51–80).

# Etienne Jodelle
## (1532-1573)

LIKE BELLEAU, Jodelle was a student at the Collège de Boncourt where he became interested particularly in drama. It was there that his youthful play *Cléopâtre captive* was given in 1552 or 1553 with Jodelle and his friends taking the different roles. This event is usually regarded as the starting point for the classical theatre in France. Jodelle also composed another tragedy, *Didon se sacrifiant* (1555), and a comedy, *Eugène* (1552), which may or may not be the same play as one called *La Rencontre* also referred to by his contemporaries.

In his incidental poetry, which consists mainly of love sonnets, elegies, some religious poems, and a good many satirical pieces directed against the Huguenots and the dissolute court of Henri III, Jodelle shows no particular originality. His name is probably included in the Pléiade by Ronsard because of the significance of his dramatic works rather than their essential merits.

REFERENCES

E. H. BALMAS, *Un Poeta del Rinascimento Francese, Etienne Jodelle* (Firenze, Olschki, 1962).
*L'Eugène*, critical edition, ed. E. H. Balmas (Milan, Cisalpino, 1955).
*Cléopâtre*, critical edition, ed. F. Gohin (Paris, Garnier, 1926); also edited by L. Bryce Ellis (Philadelphia, Philadelphia University Press, 1946).
The complete works are available in two volumes in the Marty-Laveaux edition (Paris, Lemerre, 1868–1870), *Les Amours et autres poésies* in an edition by Van Bever (Paris, Sansot, 1907).

## J'AIME LE VERD LAURIER

J'aime le verd laurier, dont l'hyver ny la glace
N'effacent la verdeur en tout victorieuse,
Monstrant l'eternité à jamais bien heureuse
Que le temps, ny la mort ne change ny efface.          4

J'aime du hous aussi la tousjours verte face,
Les poignans eguillons de sa fueille espineuse :
J'aime le lierre aussi, et sa branche amoureuse
Qui le chesne ou le mur estroitement embrasse.          8

J'aime bien tous ces trois, qui tousjours verds ressemblent
Aux pensers immortels, qui dedans moy s'assemblent,
De toy que nuit et jour idolatre j'adore :                    *11*

Mais ma playe, et pointure, et le Nœu qui me serre,
Est plus verte, et poignante, et plus estroit encore
Que n'est le verd laurier, ny le hous, ny le lierre.          *14*

*Amours*, xiv

## QUE DE CE SIECLE HORRIBLE

Que de ce siecle horrible on me peigne un tableau,
Par ordre y ordonnant l'estrange mommerie
Où tout vice, tout crime, erreur, peste, furie,
De son contraire ait pris le masque et le manteau :        *4*

Aux peuples et aux Rois dessous maint faux flambeau
Qui les yeux éblouit et les cœurs enfurie,
Soit de ces masques faux l'enorme tromperie
Conduite, et pour moumon porte à tous un bandeau :    *8*

L'injustice prendra le beau masque d'Astrée,
En science sera l'ignorance accoustrée,
Sous le masque de CHRIST, d'humblesse et charité,      *11*

Satan, ambition, sedition felonne
Marcheront, et n'estoit la chance que Dieu donne,
Leurs faux dez piperoyent tout heur et verité.        *14*

*Sonnets contre les ministres
de la nouvelle opinion*, xix

(8) moumon—masque  (9) Astrée—déesse de la justice  (14) piper—falsifier

# *Pontus de Tyard*
## (1521-1605)

LITTLE IS KNOWN about the early years of Pontus de Tyard who was a member of a prominent family, scions of the chateau of Bissy-sur-Fley near Lyon. He appears to have received a good education, which was completed by studies in Paris where he published his *Erreurs Amoureuses* anonymously in 1549. These were preceded by a sonnet addressed to Maurice Scève whose disciple Tyard professed to be. A continuation appeared in 1551 and an enlarged edition consisting of three books in 1555.

With his *Chant en faveur de quelques excellens poëtes de ce tems* (1551) in which he had included poems in praise of Ronsard and Du Bellay, Tyard became associated with the Pléiade whose lead he followed in his *Odes* (1552) and *Hymnes blasons* (1555). About the same time he drew up an elaborate plan for the beautification of the chateau of Anet for Diane de Poitiers (*Douze fables de fleuves ou fontaines*).

Apart from his poetry, Tyard was much interested in philosophy. He had published a translation of the neo-platonic treatise *De l'amore* by Leo Hebraeus or Hebreo (Léon Hébrieu) in 1551. This was followed by six major discourses: (1) the *Solitaire premier* (1552) on poetic inspiration; (2) the *Solitaire second* (1552) on music; (3) the *Discours du temps, de l'an et de ses parties* (1556) on the calendar; *L'Univers* (1557), consisting of (4) the *Premier curieux* on man and the material world and (5) the *Second curieux* on the soul, providence, and the existence of God; (6) *Mantice* (1558), a treatise on the vanity of astrology. These works were published collectively in the *Discours philosophiques* (1587).

In his poetry, Tyard imitates especially the Italians. It is only in his prose that he is revealed as an erudite, vigorous, and highly original thinker.

REFERENCES

John C. Lapp, *The Universe of Pontus de Tyard*, a critical edition of *L'Univers* (Ithaca, Cornell University Press, 1950).

Pontus de Tyard, *Œuvres*, ed. Marty-Laveaux (Paris, Lemerre, 1875).

## SONNET A MAURICE SCEVE

Si en toy luit le flambeau gracieux,
Flambeau d'Amour, qui tout gent cœur allume,
Comme il faisoit lors, qu'à ta docte plume
Tu feis hausser le vol jusques aux cieux :                      4

Donne, sans plus, une heure à tes deux yeux
Pour voir l'ardeur, qui me brusle et consume

En ces Erreurs, qu'Amour sur son enclume
Me fait forger, de travail ocieux.　　　　　　　8

Tu y pourras recognoistre la flame,
Qui enflama si hautement ton ame,
Mais non les traits de ta divine veine.　　　　　11

Aussi je prens le blasme en patience,
Prest d'endurer honteuse penitence,
Pour les erreurs de ma jeunesse vaine.　　　　　14

*Premier livre des Erreurs amoureuses*, 1549

Pour Maurice Scève, voir à la page 29.

## QUELQU'UN VOYANT LA BELLE POURTRAITURE

Quelqu'un voyant la belle pourtraiture
De ton visage en un tableau depeinte,
S'esmerveilloit de chose si bien feinte,
Et qui suivoit de si pres la nature.　　　　　　4

Helas (pensay-je) Amour par sa pointure,
Ha mieux en moy cette beauté emprainte,
Cette beauté tant cruellement fainte,
Que, l'adorant, elle me devient dure.　　　　　8

Car ce tableau par main d'homme tracé
Au fil des ans pourroit estre effacé,
Ou obscurci perdant sa couleur vive :　　　　　11

Mais la memoire emprainte en ma pensée,
De sa beauté ne peut estre effacée
Au laps du temps, au moins tant que je vive.　　14

*Premier livre des Erreurs Amoureuses*, vi, 1549


## PERE DU DOUX REPOS

Pere du doux repos, Sommeil pere du songe,
Maintenant que la nuit, d'une grande ombre obscure,
Faict à cet air serain humide couverture,
Vien, Sommeil desiré et dans mes yeux te plonge.　　4

Ton absence, Sommeil, languissamment alonge,
Et me fait plus sentir la peine que j'endure.
Viens, Sommeil, l'assoupir et la rendre moins dure,
Viens abuser mon mal de quelque doux mensonge.          8

Ja le muet Silence un esquadron conduit,
De fantosmes ballans dessous l'aveugle nuict,
Tu me dedaignes seul qui te suis tant devot !          11

Vien, Sommeil desiré, m'environner la teste,
Car, d'un vœu non menteur, un bouquet je t'appreste
De ta chere morelle, et de ton cher pavot.          14

*Recueil des nouvell' œuvres poetiques*, 1573
*Sonnets d'amour*, vi

(14) Ce sont des plantes qui donnent des drogues somnifères.

# Philippe Desportes
## (1546-1606)

PHILIPPE DESPORTES was born into a well-to-do bourgeois family at Chartres. He seems to have received a good education and, after serving for a time as secretary to the Bishop of Le Puy, he entered the service of Nicolas de Neufville, seigneur de Villeroy, the secretary of state (not to be confused with his grandfather who was secretary of finances under François I). Through him and his wife, the poetess Madeleine de Laubespine, he gained admittance into the important literary salons of the time, including that of the Maréchale de Retz.

Desportes had already come to the attention of the Duc d'Anjou, the future Henri III, and when the latter was elected King of Poland in 1573, Desportes accompanied him to Warsaw as secretary of his chancery. After the death of Charles IX in 1574, Desportes returned to France with the new king, travelling by way of Venice and Italy. His prestige and influence were at their peak during the reign of Henri III and he received two abbeys (Tiron and Josaphat) as well as numerous other marks of favour.

After the death of Henri III, Desportes was involved in political controversy but despite open opposition to Henri IV, he later managed to redeem himself with the monarch and was even given another abbey (Bonport) for his part as mediator in negotiations in 1594. He spent the last ten years of his life in affluent retirement building up a magnificent library and entertaining liberally. He died at Bonport in 1606.

The first published poetry of Desportes is his *Imitations de l'Arioste*, which appeared in 1572. The following year he published his *Premières Œuvres* dedicated to the future Henri III. These consisted of the *Amours de Diane*, the *Amours d'Hippolyte*, a book of *Elégies*, and some *Meslanges* as well as the *Imitations de l'Arioste*. During the rest of Desportes' life, scarcely a year went by without the publication of an enlarged or revised edition of these works. In 1583 the *Dernières Amours* or *Amours de Cléonice* were added and the *Meslanges* were subdivided into *Diverses Amours*, *Bergeries*, *Cartels et Mascarades*, *Epitaphes*, and *Prières*.

Desportes had been tonsured, of course, and he very early composed some Christian prayers and paraphrases (*Libera me*, and so on). After 1583 he started what he hoped would be a complete and authentic set of paraphrases of the Psalms. The first sixty were published in 1591 but the full 150 did not appear until 1603.

In the secular poetry of Desportes we find a resurgence of the neo-petrarchan influence. Desportes imitates the Italians very closely and his range is consequently narrow. His poetry is impersonal, vague, but admirably constructed. It is clarity and grace that distinguish his best efforts and here he stands midway between the Pléiade and the classical poets who follow. Malherbe's commentary on style is nothing more or less than the 1600 edition of the works of Desportes in which he wrote marginal criticisms. Like many pedagogues, he is a severe critic and not always free of the faults he condemns but the document is of capital importance in the evolution of classical doctrine.

**REFERENCES**

J. LAVAUD, *Un Poète de cour au temps des derniers Valois, Philippe Desportes* (1546–1606) (Paris, Droz, 1936).

The secular poetry has all been edited critically, the *Imitations de l'Arioste* by J. Lavaud (Paris, Droz, 1936) and the other collections by V. E. Graham in the series *Textes Littéraires Français*: no. 78, *Cartels et Mascarades, Epitaphes*; nos. 85, 86, *Les Amours de Diane* I, II; no. 93, *Les Amours d'Hippolyte*; no. 97, *Elégies*; no. 98, *Cléonice*; no. 101, *Diverses Amours* (Geneva, Droz, 1957–1963).

## ICARE EST CHEUT ICY

Icare est cheut icy le jeune audacieux,
Qui pour voler au Ciel eut assez de courage :
Icy tomba son corps degarni de plumage,
Laissant tous braves cœurs de sa cheutte envieux.          4

O bien-heureux travail d'un esprit glorieux,
Qui tire un si grand gain d'un si petit dommage !
O bien-heureux malheur plein de tant d'avantage,
Qu'il rende le vaincu des ans victorieux !                 8

Un chemin si nouveau n'estonna sa jeunesse,
Le pouvoir luy faillit mais non la hardiesse,
Il eut pour le brûler des astres le plus beau.             11

Il mourut poursuivant une haute adventure,
Le ciel fut son désir, la Mer sa sepulture :
Est-il plus beau dessein, ou plus riche tombeau ?          14

*Premières Œuvres*, 1573
*Les Amours d'Hippolyte*, i

Ici Desportes imite de près un célèbre sonnet de Sannazar, « Icaro cadde qui quest'onde il sanno ».

(8) « Dy : rend » (Malherbe) (12) « Ce vers est inutile » (Malherbe). (14) « Ce dernier vers ne parle que du dessein, qui estoit le ciel, du tombeau, qui fut la mer; mais il laisse le meutrier qui estoit le soleil » (Malherbe).

### D'UNE FONTAINE

Ceste fontaine est froide, et son eau doux-coulante
A la couleur d'argent, semble parler d'Amour :
Un herbage mollet reverdit tout autour,
Et les arbres font ombre à la chaleur brulante.  4

Le feuillage obeyt à Zephir qui l'évante
Soupirant amoureux en ce plaisant sejour :
Le Soleil clair de flame est au milieu du jour,
Et la terre se fend de l'ardeur violante.  8

Passant, par le travail du long chemin lassé,
Brulé de la chaleur, et de la soif pressé,
Arreste en ceste place où ton bon-heur te maine.  11

L'agreable repos ton corps delassera,
L'ombrage et le vent frais ton ardeur chassera,
Et ta soif se perdra dans l'eau de la fontaine.  14

*Premieres Œuvres*, 1573
*Meslanges* (plus tard *Diverses Amours*), ii

(2) « *A la couleur d'argent* est une sorte d'epithete, mais il est mal après *doux-coulante*, sinon qu'il eust voulu mettre un troisieme epithete. Car il semble qu'il veuille dire : *doux-coulante à la couleur d'argent*, ou bien : *semble parler d'amour à la couleur d'argent* » (Malherbe). (3) « *Tou, tau, tou* » (Malherbe). (8) « Ceste sottise est nompareille. Aux vers precedens il dit les commodités de cette fontaine; en ces deux, il dit qu'il est midy et qu'il fait extremement chaud. Je voudroys qu'il me dist à quel propos » (Malherbe). (11) «On dit *mène* et non *maine* » (Malherbe).

### VILLANELLE

Rozette pour un peu d'absance
Vostre cœur vous avez changé,

Et moy sçachant ceste inconstance
Le mien autre part j'ay rangé :
Jamais plus beauté si legere                           5
Sur moy tant de pouvoir n'aura :
Nous verrons volage Bergere,
Qui premier s'en repentira.
   Tandis qu'en pleurs je me consume
Maudissant cet esloignement,                           10
Vous qui n'aymez que par coustume,
Caressiez un nouvel amant.
Jamais legere girouette
Au vent si tost ne se vira :
Nous verrons, Bergere Rozette,                         15
Qui premier s'en repentira.
   Où sont tant de promesses saintes,
Tant de pleurs versez en partant ?
Est-il vray que ces tristes plaintes
Sortissent d'un cœur inconstant ?                      20
Dieux que vous estes mensongere !
Maudit soit qui plus vous croira :
Nous verrons, volage Bergere,
Qui premier s'en repentira.
   Celuy qui a gaigné ma place                25
Ne vous peut aymer tant que moy :
Et celle que j'ayme vous passe
De beauté, d'Amour et de foy.
Gardez bien vostre amitié neuve,
La mienne plus ne varira,                              30
Et puis nous verrons à l'espreuve
Qui premier s'en repentira.

*Premieres Œuvres*, 1576
*Meslanges* (plus tard *Diverses
Amours*)

Ce poème, l'un des plus connus de Desportes, s'adresse à Madeleine de Laubespine qui s'était éprise d'un autre pendant le voyage du poète en Pologne.

(1) « Absence » (Malherbe). (14) « *Vira*—Ce mot est au vieux loup » (Malherbe). (26) « Equivoque en ce *moy*, que l'on ne sçait s'il est acusatif ou nominatif. Il faut, tant que l'on peut, eviter ces ambiguités. Je dirois : *ne vous peut aimer tant que je vous aime* » (Malherbe).

## PSEAUME XXII

Le Pasteur dont je suis guidé
C'est Dieu qui gouverne le monde,
Je ne puis ainsi commandé
Que tout à souhait ne m'abonde.
Dans les parcs d'herbages couvers      5
Il me couche aux heures brulantes,
Et me mene aux rivages vers
Des eaux paisiblement coulantes.
    Quand il veoit mon ame en langueur
Et que quelque mal l'endommage,      10
Il la remet en sa vigueur
Et me restore le courage.
Si parfois je suis escarté
Il me guide en la droicte sente,
Pour ce qu'il plaist à sa bonté      15
Dont il veut que je me ressente.
    Si le val il me faut passer
De la mort affreuse et cruelle,
Peur de mal ne peut m'offenser
T'ayant pres ma garde fidelle :      20
Mon cueur ne peut estre esbranlé
Quand sur moy ton regard se jette
Puis je suis assez consolé
Voyant ta verge et ta houlette.
    Tu prepares devant mes yeux      25
Une table en mets abondante,
Presans mes mortels envieux
Fâchez de ta grace evidante,
Puis benin le chef m'engraissant
D'une huile d'odeur souveraine,      30
De bruvage resjouissant
Tu rens ma tasse toute pleine.
    Ta bonté me suive en tout lieu,
Ta faveur me garde à toute heure,
Afin qu'au Palais de mon Dieu      35
Pour jamais je face demeure.

L'ordre des psaumes n'est pas le même pour les Catholiques et les Protestants. Le psaume XXII de Desportes correspond au psaume XXIII de Marot (cf. p. 27).

(14) sente—sentier

# THE PROTESTANT POETS

UNDER THIS HEADING is included a variety of poets who have in common their religion and the fact that because of it they had no formal connection with court circles. For this reason, the Protestant poets could not be said to form any kind of a school. They are the opposition, as it were, and through each of them, in diversified ways, we are able to see aspects of French life not reflected in the poetry of the Pléiade or its successors.

To begin with, of course, the Protestant poets consider almost everything in relation to their religion. Some, like Du Bartas, treat religious subjects. Others, like D'Aubigné, are concerned with religion and politics during the period of the Civil Wars. But even in their love poetry and incidental poetry, writers like D'Aubigné and Sponde often tend to employ a special kind of imagery and a brutal sort of realism which some critics would describe as characteristic of a transitional period to which they have given the name Baroque.

It is the omnibus terms of criticism that one has to be most careful about—Renaissance, Classicism, Romanticism, and so on. During the past twenty years a great debate has raged over the validity of the new term Baroque in French literary history. To describe all the different characteristics proposed and all the different theories outlined by critics, French, German and other, would be tedious. It is perhaps enough to mention that in the period of flux at the end of the sixteenth century one can distinguish a number of currents which may be described as pre-classical, post-Renaissance and perhaps something elusive, something distinctive to which the term Baroque could apply. The interested student can read more on the subject by consulting the references cited. For the moment let us just say that this anthology would not be complete without representative selections from the most outstanding Protestant poets at the end of the century.

REFERENCES

I. BUFFUM, *Studies in the Baroque from Montaigne to Rotrou* (New Haven, Yale University Press, 1957).

ODETTE DE MOURGUES, *Metaphysical, Baroque and Précieux Poetry* (Oxford, Clarendon Press, 1953).

RENÉ WELLEK, "The Concept of Baroque in Literary Scholarship," *Journal of Aesthetics and Art Criticism*, V (1946).

# Guillaume de Salluste, Sieur Du Bartas
## (1544-1590)

Du Bartas, as he is always called, was a Gascon, like Montaigne. His family name was Salluste (originally Salustre) and it was only in 1565 when his father purchased a small church estate called Bartas, which carried with it minor nobility, that the title Du Bartas was acquired.

Guillaume de Salluste was probably educated at the Collège de Guyenne at Bordeaux before going to Toulouse where he studied law. His earliest poetic efforts were entries in the Jeux Floraux de Toulouse in 1564 and in 1565 when he won the *violette*. The young poet inherited the newly acquired family property and title when his father died in 1566.

After practising law for a time at Bordeaux, Du Bartas became associated with the court of Navarre. Very early he turned to sacred poetry and the subject of his *Judit* was suggested to him by Jeanne d'Albret, mother of the future Henri IV. He published it along with the *Triomfe de la Foi* and *Uranie* in his *Muse Chrestienne* (1574).

Shortly after this, Du Bartas started work on his magnum opus, the *Première Semaine* or *Création du Monde* which was published in 1578. It consists of seven lengthy *chants* recounting in detail the events of the seven days of the creation. This was to be followed by a *Seconde Semaine* or *Enfance du monde* with four episodical poems for each day, making twenty-eight in all. Eight were published in 1584 and seven more composed by Du Bartas before his death in 1590, but the vast project was never completed.

Du Bartas was a moderate Protestant who counted among his friends many Catholics. He bore arms under Henri de Navarre and served his prince on diplomatic missions in England and Scotland but his works do not reflect the partisan intransigeance which caused so many other books to be condemned by the Sorbonne.

Du Bartas displays phenomenal erudition and fecundity. As a result, his versification often suffers from prosaic qualities and he has been universally condemned for his lapses in taste and his incessant moralizing. His influence, however, was very great (the *Première Semaine* is one of Milton's sources for *Paradise Lost*) and when his grandiose style is infused with the ardour of personal conviction (which is not often), it achieves a majestic dignity surpassed only by Ronsard and D'Aubigné.

REFERENCE

*The Works of Guillaume De Salluste Sieur Du Bartas,* critical edition, ed.
U. T. Holmes, J. C. Lyons, and R. W. Linker, 3 vols. (Chapel Hill,
North Carolina Press, 1935).

## LE SIXIESME JOUR

O Pere, tout ainsi qu'il te pleut de former
De la marine humeur les hostes de la mer,
De mesme tu formas d'une terrestre masse 485
Des fragiles humains la limonneuse race;
A fin que chaque corps forgé nouvellement
Eust quelque sympathie avec son element.
Estant donc desireux de produire en lumiere
Le terrestre empereur, tu prins de la poussiere, 490
La colas, la pressas, l'embellis de ta main,
Et d'un informe corps formas le corps humain,
Ne courbant toutesfois sa face vers le centre,
Comme à tant d'animaux qui n'ont soin que du ventre,
Mourans d'ame et de corps, ains relevant ses yeux 495
Vers les dorez flambeaux qui brillent dans les cieux,
Afin qu'à tous momens sa plus divine essence
Pars leurs nerfs contemplast le lieu de sa naissance.
Mais tu logeas encor l'humain entendement
En l'estage plus haut de ce beau bastiment, 500
Afin que tout ainsi que d'une citadelle
Il domptast la fureur du corps qui se rebelle
Trop souvent contre luy, et que nostre raison,
Tenant dans un tel fort jour et nuict garnison,
Foulast dessous ses pieds l'envie, la cholore, 505
L'avarice, l'orgueil, et tout ce populaire
Qui veut, seditieux, tousjours donner la loy
A celuy qu'il te pleut leur ordonner pour roy.

\*   \*   \*   \*

Vous qui dans ce tableau, parmi tant de pourtraits, 945
Du roy des animaux contemplez les beaux traits,
Ca, ça, tournez un peu et vostre œil et vostre ame,
Et, ravis, contemplez les beaux traits de la femme,
Sans qui l'homme ça bas n'est homme qu'à demy :
Ce n'est qu'un loup-garou du soleil ennemy, 950

Qu'un animal sauvage, ombrageux, solitaire,
Bizarre, frenetique, à qui rien ne peut plaire
Que le seul desplaisir, né pour soy seulement,
Privé de cœur, d'esprit, d'amour, de sentiment.
Dieu donc pour ne monstrer sa main moins liberale          955
Envers le masle humain qu'envers tout autre masle,
Pour le parfait patron d'une saincte amitié,
A la moitié d'Adam joint une autre moitié,
La prenant de son corps, pour estreindre en tout aage
D'un lien plus estroit le sacré mariage.                   960
    Comme le medecin, qui desire trancher
Quelque membre incurable, avant que d'approcher
Les glaives impiteux de la part offensée,
Endort le patient d'une boisson glacée,
Puis sans nulle douleur entier, il en coupe une part,      965
Le Tout-puissant ternit de nostre ayeul la face,
Verse dedans ses os une mortelle glace,
Sille ses yeux ardans d'un froid bandeau de fer,
Guide presque ses pieds jusqu'au sueil de l'enfer;
Bref, si bien engourdit et son corps et son ame,           970
Que sa chair sans douleur par ses flancs il entame,
Qu'il en tire une coste, et va d'elle formant
La mere des humains, gravant si dextrement
Tous le beaux traits d'Adam en la coste animée,
Qu'on ne peut discerner l'amant d'avec l'aimée.            975
Bien est vray toutesfois qu'elle a l'œil plus riant,
Le teint plus delicat, le front plus attrayant,
Le menton net de poil, la parole moins forte,
Et que deux monts d'yvoire en son sein elle porte.
Or apres la douceur d'un si profond sommeil,               980
L'homme unique n'a point si tost jetté son œil
Sur les rares beautez de sa moitié nouvelle,
Qu'il la baise, l'embrasse, et haut et cler l'appelle
Sa vie, son amour, son apuy, son repos,
Et la chair de sa chair, et les os de ses os.              985
Source de tout bon heur, amoureux Androgyne,
Jamais je ne discour sur ta saincte origine,
Que, ravi, je n'admire en quelle sorte alors
D'un corps Dieu fit deux corps, puis de deux
        corps un corps.
O bien heureux lien, o nopce fortunée,                     990
Qui de Christ et de nous figures l'hymenée !

O pudique amitié, qui fonds par ton ardeur
Deux ames en un ame, et deux cœurs en un cœur !
O contract inventé dans l'odorant parterre
Du printanier Eden, et non dans ceste terre      995
Toute rouge de sang, toute comble de maux,
Et le premier enfer des maudits animaux,
Qui guerroye le ciel : o sacrée alliance
Que le Fils d'une Vierge orna de sa presence,      1000
Lors que les eaux de Cane il convertit en vin,
Tesmoignage premier de son pouvoir divin;
Par ton alme faveur, apres nos funerailles,
Bien-heureux, nous laissons de vivantes medailles,
Changeons la guerre en paix, en parens nous croissons,      1005
Et l'homme eternizant en nos fils renaissons.
Par toy nous esteignons les impudiques flammes
Que l'archer paphien allume dans nos ames,
Et aprenans de toy comme il faut bien aimer,
Trouvons le miel plus doux et le fiel moins amer,      1010
Qui s'entresuccedans comblent la vie humaine
Or du sacré plaisir, or d'angoisseuse peine.

*La Creation du monde ou Première Sepmaine*

(986) Selon le mythe des androgynes l'homme et la femme formaient autrefois une seule créature. Platon voyait dans l'amour un mouvement naturel et invincible de retour à cette unité perdue.      (1008) l'archer paphien— Cupidon

### L'IMPOSTURE

Tandis que nostre ayeul en tel aise se plonge,
Le pere ingenieux de revolte et mensonge,
Le monarque d'enfer, sent un pesteux essain      35
De dragons immortels formiller dans son sein,
Qui luy succent le sang, devorent ses entrailles
Pincetent son poulmon de dix mille tenailles,
Et geinent, inhumains, son ame à tous momens,
Trop feconde à donner et prendre des tourmens.
Mais la haine, sur tout, la superbe, et l'envie,
Bourrellent nuict et jour sa miserable vie.      40
Car la haine qu'il porte à Dieu, qui justement
L'a banni pour jamais du doré firmament,

Pour l'enclorre en la nuict d'une soulfreuse nue,                    45
Combien que ses germains soient de la retenue :
Le superbe desir de tenir sous sa main
Dans les fers du peché captif le genre humain :
L'envieux creve-cœur de voir encore emprainte
Dans la face d'Adam de Dieu la face saincte,                        50
En luy desjà perdue, et qu'il pouvoit monter
A l'heur d'où le peché l'avoit fait culbuter :
Faits barbares tyrans de son traistre courage,
Esperonnent sa course et redoublent sa rage.

*  *  *  *

« Eve, second honneur de ce grand Univers,
Mais est-il vray que Dieu jalousement pervers
Ait (dit-il) defendu à vous, à vostre race,                         265
Tous les fruicts de ce parc qu'une claire onde embrasse,
Fruicts tant et tant de fois redonnez aux humains,
Fruicts qui sont cultivez jour et nuict de vos mains ? »
Avec l'air de ces mots l'infidele vipere
Souffle un air venimeux au sein de nostre mere,                    270
Qui luy respond ainsi : « Sache, ô qui que tu sois,
(Mais ton soin charitable et ta benigne vois
Te declarent amy) que toute la chevance
De ce terrestre ciel est en nostre puissance;
Tout est sous nostre main, si ce n'est ce beau fruit              275
Qui dans le verd milieu du Paradis reluit.
Car sur peine de mort Dieu tout-bon et tout-sage,
Las ! je ne sçay pourquoy, nous en defend l'usage. »
Adonc elle se teut, couvant jà dans son cueur
Un desir curieux qui se rendra veinqueur.                          280
Comme un amant ruzé qui mainte embusche dresse
A la pudicité d'une jeune maistresse,
Soudain qu'elle commence escouter tant soit peu
Les propos affetez qui tesmoignent son feu,
Sent decroistre le mal qui, cruel, le tourmente,                   285
Se promet de surgir au port de son attente,
Et tient pour asseuré, d'aise presque esperdu,
Qu'un fort qui parlemente est à-demy rendu.
Tout ainsi le serpent, dont la voix piperesse
Nous tire dans les rets d'une tonne traitresse,                    290
Voyant qu'Eve prend goust à ses flateurs propos,
Joyeux, poursuit sa poincte, et n'a jamais repos

Qu'il n'ait donné des pieds, des mains, et de la teste,
Dans le pan de ce mur, où la breche est jà faite.
   « Non, n'en croy rien (dit-il) : ô belle, ce n'est pas     295
Le desir de sauver les humains du trespas,
Qui fait que ce tien Dieu, non moins malin que sage,
D'un fruict si bon et beau vous interdit l'usage.
Un despit, une envie, une jalouse peur,
Sans relasche, cruels, luy bequetent le cueur,     300
Voyant que de ce fruict la suspecte puissance
Dissipera soudain la nue d'ignorance
Qui vous presse les yeux; voire, fera que vous
Serez dieux avec luy, serez dieux dessus nous.
O gloire de ce Tout, avance donc, avance     305
Ta bien-heureuse main. Que tardes-tu ? commance,
Commance ton bon-heur. Ne crain point le courrous
De je ne sçay quel Dieu, qui n'est plus grand que vous,
Si non tant qu'il te plaist. Pren la brillante robbe
De l'immortalité, fay tost, et ne desrobbe,     310
Envieuse marastre, à ta posterité
Le souverain honneur de la divinité. »
   Ce propos achevé, la convoiteuse femme,
Qui n'avoit point encor que de l'œil et de l'ame
Offensé de ce Tout le Prince souverain,     315
Coulpables de peché rend sa bouche et sa main.
Le larron apprentif, qui voit dessus la table
D'un riche cabinet une somme notable,
Palle, esgaré, tremblant, avance par trois fois,
Trois fois va reculant les crochets de ses dois,     320
Et les r'approche encor, la riche bourse attrape,
Craintivement hardy, la cache sous sa cape,
A peine treuve l'huis, d'un pied branlant s'enfuit,
Et regarde en fuyant si le maistre le suit.
Eve non autrement d'un inconstant visage     325
Monstre les durs combats que soustient son courage,
Veut, ne veut, va, revient, tremble or d'aise,
    or de peur,
Et marchande long temps à prendre son malheur.
Mais quoy ? finalement mal-sage elle le touche,
Et le porte soudain de la main à la bouche.

*La Seconde Sepmaine*
*Premier jour*

(39) geinent—torturent   (41) la superbe—l'orgueil   (51) il—Adam   (52)
l'—le Diable   (53) faits barbares—sa haine, son superbe désir, etc.   (273)
chevance—richesse   (284) affetez—qui ont une grâce maniérée   (286) sur-
gir—atteindre   (288) parlemente—discute   (290) tonne—piège

## LES ARTIFICES

Cepandant des humains la semence fecconde
Commence de peupler un petit coin du monde.                    230
Caïn naist, Abel naist, et le soin mesnager
Rend bouvier cestuy-là, et cestui-cy berger.
Abel, qui veut avoir tousjours prest le fromage
Et le laict nourrisier, les brebis dessauvage,
Pour en faire un troupeau qui, rendu familier,               235
Ait pour garde un mastin, et pour guide un belier.
L'autre, aspirant plus haut, donne bien peu de treve
A ses robustes nerfs; et, voyant que la feve,
L'ers, le ris, le lupin, la lentille, le pois
Brulé, languit parmy les brossailles des bois,               240
Il en prend quelques grains; puis ès meilleures terres,
Qu'il purge de chardons, de ronces, et de pierres,
Separez, il les seme; et couvre, embesongné,
Son espoir du plus gras d'un champ esgratigné.

Par les proches moissons cognoissant que la peine            245
Mise en si peu de fonds n'est ingratement vaine,
Desireus de couvrir un plus grand champ de grains
Sans mettre si souvent en besongne ses mains,
Flateur, il apprivoise une pucelle vache,
Et puis à chaque corne un osier il attache,                  250
Qui, triplement retors, tient pour coutre fendant
D'un grand rhinocerot ou la corne ou la dent.
Abel, riche en bestail, et son frere en javelles,
Ils dressent deux autels sur deux croupes jumelles,
Où l'un, humblement sainct, va d'un piteux accent            255
De l'Olympe estoilé les estages perçant;
L'autre fait retentir d'une bouche hypocrite
Un discours tout fondé sur son propre merite;
Et sur le vif gazon offrent au Souverain
L'un l'honneur de son parc, l'autre de son grain.            260
Dieu qui sonde les reins, et qui, juge, examine
Le vouloir plus que l'acte, et le cœur que la mine,

Le don d'Abel accepte; et rejette, offensé,
Le profane present de son frere insensé;
Qui, sentant les effects de la fureur divine,                    265
Se despite, se bat, se ronge, se chagrine,
« Que te sert-il, Caïn ? ô Caïn, que te sert
(Dit-il en souspirant) d'avoir premier ouvert
Le fecond amarry de la premiere mere,
Et salué, premier, Adam du nom de pere ?                         270
Que te sert-il d'avoir biens, (helas, malheureux)
Le cœur haut, l'esprit grand, les membres vigoureux,
Si ceste femmelette en homme desguisée,
De la terre et du ciel est plus que toy prisée ?
Que te sert d'occuper et nuict et jour tes mains                 275
Pour, penible, nourrir le reste des humains ?
Et d'avoir inventé d'une adresse subtile,
Plus pour eux que pour toy, des arts le plus utile,
Si ce stupide enfant, ce fai-neant, qui vit
De tes tiedes sueurs, la gloire te ravit ?                       280
Oste, oste-moy ce sot; fay tost, et ne te laisse
Plus fouler sous les pieds : ce mont croissant abaisse;
Estein ce feu naissant, et repete le droit
Que la vertu t'acquiert, et nature te doit. »
      Tousjours dans son esprit ce conseil il rumine;           285
Pour le mettre en effect cent fois il s'achemine,
Et cent fois se retient, à bon droit empesché
Par l'horreur de la peine et l'horreur du peché.
      Mais attirant un jour d'une voix flateresse
Son frere au beau milieu d'une forest espesse,                  290
De qui les vers buissons estoient encor puceaus,
Et qui mesme n'estoit connue des oiseaus,
Il empoigne à deux mains un caillou que trois hommes
Ne pourroient soulever au siecle que nous sommes;
Et, roidissant ses bras, le foudroye, inhumain,                 295
Dessus le juste chef de son foible germain.
      La face du meurtry dans la bauge s'imprime.
Le sang versé requiert vengance d'un tel crime.
L'escarbouillé cerveau saute aux yeux du meurtrier,
Et Phebus tourne bride à son fumant destrier                    300
Pour ne voir ce malheur. L'estonné parricide
Sent les fouets escrocheurs de plus d'une Eumenide.
Les paniques terreurs, les furieux remors

Luy causent sans mourir mille especes de morts.
Il se musse le jour, il vague la nuict sombre,                    305
Il fuit ses doux parents, il a peur de son ombre;
Ce qu'il voit luy fait peur, il craint tout ce qu'il oit,
Et semble que ce Tout soit pour sa fruite estroit.

*La Seconde Sepmaine*
*Premier jour*

(234) dessauvage—apprivoise  (239) ers—vesce noire  (253) javelles—les
poignées de blé qu'on couche sur le sillon avant de les réunir en gerbes
(254) croupes—tertres  (291) puceau—vierge, i.e. intact  (297) bauge—
fange  (300) Phebus—Apollon conduisant le char du soleil  (302) Eumen-
ide—Furie

# *Jean de Sponde*
## (1557-1595)

JEAN DE SPONDE's life is a reflection of the troubled times in which he
lived. His father, probably a recent convert to Protestantism, was the
secretary of Jeanne d'Albret, mother of Henri IV. He was martyred for
his faith in 1594.

Sponde himself received a good education and published Latin trans-
lations and commentaries on Homer (1583), Pythagoras (1589), Aris-
totle (1591), and Hesiod (1592). He served under Henri IV and
abjured the Protestant faith at the same time as the monarch. He was
named lieutenant general of the fort of La Rochelle in 1592 but died
an unhappy death in 1595, scorned by many of his former friends.

Sponde's important writings date from his Protestant years. In ad-
dition to the lengthy *Méditations sur les pseaumes XIV ou LIII,
XLVIII, L et LXII* (1588), there is an *Essay de quelques poëmes
chrestiens* (1588), a few incidental poems, 26 love sonnets, some stances,
and 12 sonnets on death. It is these latter groups of poems which have
recently revived interest in Sponde whose works had been neglected
for centuries. The vigour of his language, the brutal images he employs,
and the powerful emotions he portrays make these poems masterpieces
of their kind. As Alan Boase, the scholar who rediscovered him has
written: "Mieux que d'autres poètes plus célèbres, il a exprimé le drame
de la mort."

REFERENCES

FRANÇOIS RUCHON and ALAN BOASE, *La Vie et l'œuvre de Jean de Sponde* (Geneva, Cailler, 1949).
JEAN DE SPONDE, *Méditations, avec un essai de poèmes chrétiens* (Paris, Corti, 1954).
The love sonnets and the *Stances et sonnets de la mort* have been edited many times in the past ten years.

## SONNETS DE LA MORT

### II

Mais si faut-il mourir ! et la vie orgueilleuse,
Qui brave de la mort, sentira ses fureurs;
Les Soleils haleront ces journalieres fleurs,
Et le temps crevera ceste ampoule venteuse.                     *4*

Ce beau flambeau qui lance une flamme fumeuse,
Sur le verd de la cire esteindra ses ardeurs;
L'huile de ce Tableau ternira ses couleurs,
Et ses flots se rompront à la rive escumeuse.                   *8*

J'ay veu ces clairs esclairs passer devant mes yeux,
Et le tonnerre encor qui gronde dans les Cieux.
Ou d'une ou d'autre part esclatera l'orage.                     *11*

J'ay veu fondre la neige, et ces torrens tarir,
Ces lyons rugissans, je les ay veus sans rage.
Vivez, hommes, vivez, mais si faut-il mourir.                   *14*

### IV

Pour qui tant de travaux ? pour vous ? de qui l'aleine
Pantelle en la poictrine et traine sa langueur ?
Vos desseins sont bien loin du bout de leur vigueur
Et vous estes bien pres du bout de vostre peine.                *4*

Je vous accorde encore une emprise certaine,
Qui de soy court du Temps l'incertaine rigueur;
Si perdrez-vous enfin ce fruit et ce labeur :
Le Mont est foudroyé plus souvent que la plaine.                *8*

Ces Sceptres enviez, ces Tresors debattus,
Champ superbe du camp de vos fieres vertus,
Sont de l'avare mort le debat et l'envie.                       *11*

Mais pourquoi ce souci ? mais pourquoi cest effort ?
Sçavez-vous bien que c'est le train de ceste vie ?
La fuite de la Vie, et la course à la Mort.                    14

### V

Helas ! contez vos jours : les jours qui sont passez
Sont desja morts pour vous, ceux qui viennent encore
Mourront tous sur le point de leur naissante Aurore,
Et moitié de la vie est moitié du decez.                       4

Ces desirs orgueilleux pesle mesle entassez,
Ce cœur outrecuidé que vostre bras implore,
Cest indomptable bras que vostre cœur adore,
La Mort les met en geine, et leur fait le procez.             8

Mille flots, mille escueils, font teste à vostre route,
Vous rompez à travers, mais à la fin, sans doute,
Vous serez le butin des escueils, et des flots.              11

Une heure vous attend, un moment vous espie,
Bourreaux desnaturez de vostre propre vie,
Qui vit avec la peine, et meurt sans le repos.               14

### IX

Qui sont, qui sont ceux là, dont le cœur idolatre
Se jette aux pieds du Monde, et flatte ses honneurs ?
Et qui sont ces Valets, et qui sont ces Seigneurs ?
Et ces ames d'Ebene, et ces faces d'Albastre ?               4

Ces masques desguisez, dont la troupe folastre
S'amuse à carresser je ne sçay quels donneurs
De fumées de Court, et ces entrepreneurs
De vaincre encor le Ciel qu'ils ne peuvent combatre ?        8

Qui sont ces louvoyeurs qui s'esloignent du Port ?
Hommagers à la Vie, et felons à la Mort,
Dont l'estoille est leur Bien, le vent leur Fantasie ?       11

Je vogue en mesme mer, et craindrois de perir
Si ce n'est que je sçay que ceste mesme vie
N'est rien que le fanal qui me guide au mourir.              14

# Agrippa D'Aubigné
## (1552-1630)

THÉODORE AGRIPPA D'AUBIGNÉ's mother died at his birth in 1552 and it was for that reason that he was given the name Agrippa—"born in sorrow." His father, a convert to the Protestant religion, had only recently entered the service of the king of Navarre but he soon rose to the rank of Chancellor. He died as the result of wounds received in battle in 1565.

The youthful Agrippa had already seen Protestants martyred for their faith and, in his education at Orléans and Geneva, the principles and convictions which were his already were confirmed and strengthened. He took up arms about 1570 and served the Protestant cause under Henri de Navarre until the latter abjured his religion in 1589 on his accession to the throne. His relations with the monarch are an illustration of his constancy and the blunt candour which was his outstanding characteristic. He quarreled with Henri in 1577 over the Edict of Poitiers, was reconciled in 1579 only to break finally with him in 1589.

About 1570 D'Aubigné fell in love with Diane Salviati, the niece of Ronsard's Cassandre. In *Le Printemps (L'Hécatombe à Diane et les Stances)* we find neo-petrarchan themes as well as poems that are violently personal.

About 1575 D'Aubigné began work on his masterpiece, *Les Tragiques*, which was not published until 1616. Literally written on the battlefield over a period of years, it gives us a vivid and telling picture of all the difficulties of the Religious Wars. D'Aubigné attacks the queen-mother, Catherine de Médicis, and her sons, the degenerate Valois kings Charles IX and Henri III. He is prejudiced, of course, but his virulent satire of law courts, the Inquisitions, and the Catholic Church presents a point of view which contrasts sharply with that of Ronsard, Desportes, and other poets associated with the court.

*Les Tragiques* consists of seven books. In *Misères*, D'Aubigné describes with anger and pity the plight of France and her citizens. *Princes* is an attack on the Valois rulers, *La Chambre dorée* a diatribe against the law courts reminiscent of attacks on the Star Chamber. In *Feux* he recounts the whole history of martyrs and in *Fers* we have a description of the contemporary Wars of Religion. From the evidence of *Vengeances*, D'Aubigné concludes that God has always punished the wicked and traitors, and with *Jugement* he looks forward to the day of retribution when the evil will be eternally damned and the righteous redeemed.

*Les Tragiques* is best described as an epic. It is uneven in quality and has many faults: an abundance of obscure contemporary allusions, an abuse of erudition and a sustained hysterical tone which often becomes tiresome. At the same time, when it is at its eloquent best with biting satire, tender compassion or ecstatic aspiration, it is unrivalled by any poetry of the period—perhaps of any period.

D'Aubigné also wrote a considerable amount of prose. In addition to his autobiographical *Vie à ses enfans*, he produced political pamphlets and in later years an *Histoire Universelle* which was originally intended to cover the period 1553 (the birth date of Henri de Navarre) to 1598 (the Edict of Nantes). This was later extended to 1602 and then to 1622 but the last part was left incomplete at the time of D'Aubigné's death in Geneva in 1630.

**REFERENCES**

*Le Printemps, l'Hécatombe à Diane et les Stances*, ed. Henri Weber (Paris, Les Presses universitaires, 1960).

JEAN PLATTARD, *Une Figure de premier plan dans nos lettres de la Renaissance, Agrippa D'Aubigné* (Paris, Boivin, 1948).

IMBRIE BUFFUM, *Agrippa D'Aubigné's* Les Tragiques: *A Study of the Baroque Style in Poetry* (New Haven, Yale University Press, 1951).

There are many editions of *Les Tragiques* but the best is the critical edition by J. Plattard and A. Garnier, 4 vols. (Paris, Droz, 1932).

# STANCES

J'ouvre mon estommac, une tumbe sanglante
De maux enseveliz : pour Dieu, tourne tes yeux,
Diane, et voy au fond mon cueur party en deux
Et mes poumons gravez d'une ardeur viollente,

Voy mon sang escumeux tout noircy par la flamme,          5
Mes os secz de langueurs en pitoiable point
Mais considere aussi ce que tu ne vois point,
Le reste des malheurs qui sacagent mon ame.

Tu me brusle et au four de ma flame meurtriere
Tu chauffes ta froideur : tes delicates mains          10
Atizent mon brazier et tes yeux inhumains
Pleurent, non de pitié, mais flambantz de cholere.

A ce feu devorant de ton yre alumée
Ton œil enflé gemist, tu pleures à ma mort,
Mais ce n'est pas mon mal qui te deplaist si fort          15
Rien n'attendrit tes yeux que mon aigre fumée.

Au moins après ma fin que ton ame apaisée
Bruslant le cueur, le cors, hostie à ton courroux,
Prenne sur mon esprit un suplice plus doux,
Estant d'yre en ma vie en un coup espuisée.                20

> Le Printemps
> Stances, vi

(3) Le cœur a été brisé par la blessure d'amour.  (4) gravez—marqués
par la flamme  (18) le sacrifice du cœur sur l'autel de l'amour  (19) l'es-
prit—ce qui subsiste après la mort

## LES TRAGIQUES

### MISERES

Je n'escris plus les feux d'un amour inconu,               55
Mais, par l'affliction plus sage devenu,
J'entreprens bien plus haut, car j'apprens à ma plume
Un autre feu, auquel la France se consume.
Ces ruisselets d'argent, que les Grecs nous feignoyent,
Où leurs poëtes vains beuvoyent et se baignoyent,          60
Ne courent plus ici : mais les ondes si claires
Qui eurent les sapphirs et les perles contraires
Sont rouges de nos morts : le doux bruit de leurs flots,
Leur murmure plaisant heurte contre des os.
Telle est en escrivant ma non-commune image :             65
Autre fureur qu'amour reluit en mon visage;
Sous un inique Mars, parmi les durs labeurs
Qui gastent le papier et l'ancre de sueurs,
Au lieu de Thessalie aux mignardes vallées
Nous avortons ces chants au milieu des armées,           70
En delassant nos bras de crasse tous rouillez
Qui n'osent s'esloigner des brassards despouillez.
Le luth que j'accordois avec mes chansonnettes
Est ores estouffé de l'esclat des trompettes;
Ici le sang n'est feint, le meurtre n'y defaut,          75
La mort jouë elle mesme en ce triste eschaffaut,

Le Juge criminel tourne et emplit son urne.
D'ici la botte en jambe, et non pas la cothurne,
J'appelle Melpomene en sa vive fureur,
Au lieu de l'Hippocrene esveillant cette sœur          80
Des tombeaux rafraischis, dont il faut qu'elle sorte
Eschevelée, affreuse, et bramant en la sorte
Que faict la biche apres le fan qu'elle a perdu.
Que la bouche luy saigne, et son front esperdu
Face noircir du ciel les voutes esloignées,          85
Qu'elle esparpille en l'air de son sang deux poignées
Quand espuisant ses flancs de redoublez sanglots
De sa voix enroüee elle bruira ces mots :
     « O France desolée ! ô terre sanguinaire,
Non pas terre, mais cendre ! ô mere, si c'est mere          90
Que trahir ses enfans aux douceurs de son sein
Et quand on les meurtrit les serrer de sa main !
Tu leur donnes la vie, et dessous ta mammelle
S'esmeut des obstinez la sanglante querelle;
Sur ton pis blanchissant ta race se debat,          95
Là le fruict de ton flanc faict le champ du combat. »
     Je veux peindre la France une mere affligée,
Qui est entre ses bras de deux enfans chargée.
Le plus fort, orgueilleux, empoigne les deux bouts
Des tetins nourriciers; puis, à force de coups          100
D'ongles, de poings, de pieds, il brise le partage
Dont nature donnoit à son besson l'usage;
Ce volleur acharné, cet Esau malheureux
Faict degast du doux laict qui doit nourrir les deux,
Si que, pour arracher à son frere la vie,          105
Il mesprise la sienne et n'en a plus d'envie.
Mais son Jacob, pressé d'avoir jeusné meshui,
Ayant dompté longtemps en son cœur son ennui,
A la fin se defend, et sa juste colere
Rend à l'autre un combat dont le champ est la mere.          110
Ni les souspirs ardents, les pitoyables cris,
Ni les pleurs rechauffez ne calment leurs esprits;
Mais leur rage les guide et leur poison les trouble,
Si bien que leur courroux par leurs coups se redouble.
Leur conflict se r'allume et fait si furieux          115
Que d'un gauche malheur ils se crevent les yeux.
Cette femme esplorée, en sa douleur plus forte,

Succombe à la douleur, mi-vivante, mi-morte;
Elle void les mutins tous deschirez, sanglans,
Qui, ainsi que du cœur, des mains se vont cerchans.                    120
Quand, pressant à son sein d'un' amour maternelle
Celui qui a le droit et la juste querelle,
Elle veut le sauver, l'autre qui n'est pas las
Voile en poursuivant l'asyle de ses bras.
Adonc se perd le laict, le suc de sa poictrine;                    125
Puis, aux derniers abois de sa proche ruine,
Elle dit : « Vous avez, felons, ensanglanté
Le sein qui vous nourrit et qui vous a porté;
Or vivez de venin, sanglante geniture,
Je n'ai plus que du sang pour vostre nourriture. »                    130

*   *   *   *

Ici je veux sortir du general discours
De mon tableau public; je flechirai le cours
De mon fil entrepris, vaincu de la memoire
Qui effraye mes sens d'une tragique histoire :                    370
Car mes yeux sont tesmoins du subjet de mes vers.
J'ai veu le reistre noir foudroyer au travers
Les masures de France, et comme une tempeste,
Emporter ce qu'il peut, ravager tout le reste;
Cet amas affamé nous fit à Mont-moreau                    375
Voir la nouvelle horreur d'un spectacle nouveau.
Nous vinsmes sur leurs pas, une trouppe lassée
Que la terre portoit, de nos pas harassée.
Là de mille maisons on ne trouva que feux,
Que charongnes, que morts ou visages affreux.                    380
La faim va devant moi, force est que je la suive.
J'oy d'un gosier mourant une voix demi-vive :
Le cri me sert de guide, et fait voir à l'instant
D'un homme demi-mort le chef se debattant,
Qui sur le seuil d'un huis dissipoit sa cervelle.                    385
Ce demi-vif la mort à son secours appelle
De sa mourante voix, cet esprit demi-mort
Disoit en son patois (langue de Perigort) :
« Si vous etes François, François, je vous adjure,
Donnez secours de mort, c'est l'aide la plus seure                    390
Que j'espere de vous, le moyen de guerir;
Faictes-mois d'un bon coup et promptement mourir.

Les reistres m'ont tué par faute de viande,
Ne pouvant ni fournir ni ouïr leur demande;
D'un coup de coutelats l'un d'eux m'a emporté;          395
Ce bras que vous voyez pres du lict à costé;
J'ai au travers du corps deux balles de pistolle. »
Il suivit, en couppant d'un grand vent sa parolle :
« C'est peu de cas encor et de pitié de nous;
Ma femme en quelque lieu, grosse, est morte de coups.          400
Il y a quatre jours qu'ayans esté en fuitte
Chassez à la minuict, sans qu'il nous fust licite
De sauver nos enfans liez en leurs berceaux,
Leurs cris nous appelloyent, et entre ces bourreaux
Pensans les secourir nous perdismes la vie.          405
Helas ! si vous avez encore quelque envie
De voir plus de mal-heur, vous verrez là dedans
Le massacre piteux de nos petits enfans. »
J'entre, et n'en trouve qu'un, qui lié dans sa couche
Avoit les yeux flestris, qui de sa pasle bouche          410
Poussoit et retiroit cet esprit languissant
Qui, à regret son corps par la faim delaissant,
Avoit lassé sa voix bramant apres sa vie.
Voici apres entrer l'horrible anatomie
De la mere assechée : elle avoit de dehors          415
Sur ses reins disspez trainé, roulé son corps,
Jambes et bras rompus, une amour maternelle
L'esmouvant pour autrui beaucoup plus que pour elle.
A tant ell' approcha sa teste du berceau,
La releva dessus; il ne sortoit plus d'eau          420
De ses yeux consumez; de ses playes mortelles
La sang mouilloit l'enfant; point de laict aux
          mammelles,
Mais des peaux sans humeur : ce corps seché, retraict,
De la France qui meurt fut un autre portraict.
Elle cerchoit des yeux deux de ses fils encor,          425
Nos fronts l'espouventoyent; en fin la mort devore
En mesme temps ces trois. J'eu peur que ces esprits
Protestassent mourans contre nous de leurs cris;
Mes cheveux estonnez herissent en ma teste;
J'appelle Dieu pour juge, et tout haut je deteste          430
Les violeurs de paix, les perfides parfaicts,
Qui d'une salle cause amenent tels effects.

Là je vis estonnez les cœurs impitoyables,
Je vis tomber l'effroi dessus les effroyables.
Quel œil sec eust peu voir les membres mi-mangez          435
De ceux qui par la faim estoient morts enragez ?

(55) Une allusion au *Printemps*, œuvre inconnue peut-être parce qu'inédite
(57) entreprens—vise   (62) Qui rivalisaient avec   (67) inique—qui ne
connaît pas la justice (71) delassant—délaçant (76) eschaffaut—scène
(78) cothurne—la pure poésie   (81) rafraischis—nouveaux, récents   (83)
Au lieu d'évoquer la muse Melpomène de la source Hippocrène, c'est des
tombeaux que je la ferai sortir.   (92) serrer—étouffer   (103) Esaü représente
le parti catholique, Jacob le parti protestant.   (107) meshui—aujourd'hui
(115) fait—se fait   (116) gauche—de mauvais augure   (122) querelle—
plainte   (372) Les reistres étaient des cavaliers recrutés en Allemagne.
(374) peut—put   (375) Montmoreau—petite ville près de Barbézieux en
Charente (384) chef—tête (385) huis—porte (403) liez pour qu'ils ne
tombent pas   (414–15) anatomie asséchée—squelette   (419) A tant—alors
(424) Le premier portrait était celui de la mère d'Esaü et de Jacob.

PRINCES

    L'autre fut mieux instruit à juger des atours
Des putains de sa cour, et, plus propre aux amours,
Avoir ras le menton, garder la face pasle,                    775
Le geste effeminé, l'œil d'un Sardanapale :
Si bien qu'un jour des Rois ce douteux animal,
Sans cervelle, sans front, parut tel en son bal.
De cordons emperlez sa chevelure pleine,
Sous un bonnet sans bord fait à l'italienne,                  780
Faisoit deux arcs voutez; son menton pinceté,
Son visage de blanc et de rouge empasté,
Son chef tout empoudré nous monstrerent ridée,
En la place d'un Roy, une putain fardée.
Pensez quel beau spectacle, et comm' il fit bon voir          785
Ce prince avec un busc, un corps de satin noir
Couppé à l'espagnolle, où, des dechicquetures,
Sortoyent des passements et des blanches tireures :
Et, affin que l'habit s'entresuivist de rang,
Il monstroit des manchons gauffrez de satin blanc,           790
D'autres manches encor qui s'estendoyent fendues,
Et puis jusques aux pieds d'autres manches perdues.

Pour nouveau parement il porta tout ce jour
Cet habit monstrueux, pareil à son amour :
Si qu'au premier abord chacun estoit en peine      795
S'il voyoit un Roy femme ou bien un homme Reyne.

\*    \*    \*    \*

Un pere, deux fois pere, employa sa substance
Pour enrichir son fils des thresors de science;
En couronnant ses jours de ce dernier dessein,
Joyeux, il espuiza ses coffres et son sein,      1110
Son avoir et son sang : sa peine fut suivie
D'heur à parachever le present de la vie.
Il void son fils sçavant, adroict, industrieux,
Meslé dans les secrets de Nature et des cieux,
Raissonnant sur les loix, les mœurs et la police;      1115
L'esprit sçavoit tout art, le corps tout exercice.
Ce vieil François, conduict par une antique loy,
Consacra cette peine et son fils à son Roy,
L'equippe; il vient en cour. Là cette ame nouvelle,
Des vices monstrueux ignorante et pucelle,      1120
Void force hommes bien faicts, bien morgans,
     bien vestus;
Il pense estre arrivé à la foire aux vertus,
Prend les occasions qui sembloyent les plus belles
Pour estaller premier ses intellectuelles,
Se laisse convier, se conduisant ainsi      1125
Pour n'estre ni entrant ni retenu aussi;
Tousjours respectueux, sans se faire de feste,
Il contente celui qui l'attaque et l'arreste.
Il ne trouve auditeurs qu'ignorans envieux,
Diffamans le sçavoir de noms ingenieux :      1130
S'il trousse l'epigramme ou la stance bien faicte,
Le voila descouvert, c'est faict, c'est un poëte;
S'il dict un mot salé, il est bouffon, badin;
S'il danse un peu trop bien, saltarin, baladin;
S'il a trop bon fleuret, escrimeur il s'appelle;      1135
S'il prend l'air d'un cheval, c'est un saltin-bardelle;
Si avec art il chante, il est musicien;
Philosophe, s'il presse en bon logicien;
S'il frappe là dessus et en met un par terre,
C'est un fendant qu'il faut saller apres la guerre;      1140

Mais si on sçait qu'un jour, à part, en quelque lieu,
Il mette genouil bas, c'est un prieur de Dieu.
   Cet esprit offensé dedans soy se retire,
Et, comme en quelque coin se cachant il souspire,
Voici un gros amas qui emplit jusqu'au tiers          1145
Le Louvre de soldats, de braves chevaliers,
De noblesse parée : au milieu de la nuë
Marche un duc, dont la face au jeune homme inconnuë
Le renvoye au conseil d'un page traversant,
Pour demander le nom de ce prince passant;        1150
Le nom ne le contente, il pense, il s'esmerveille,
Tel mot n'estoit jamais entré en son oreille.
Puis cet estonnement soudain fut redoublé
Alors qu'il vit le Louvre aussi tost depeuplé
Par le sortir d'un autre, au beau milieu de l'onde    1155
De seigneurs l'adorans comm' un roy de ce monde.
Nostre nouveau venu s'accoste d'un vieillard,
Et pour en prendre langue il le tire à l'escart;
Là il apprit le nom dont l'histoire de France
Ne lui avoit donné ne vent ne connaissance.       1160
Ce courtisan grison, s'esmerveillant de quoy
Quelqu'un mesconnoissoit les mignons de son Roy,
Raconte leurs grandeurs, comme la France entiere,
Escabeau de leurs pieds, leur estoit tributaire.
A l'enfant qui disoit : « Sont'ils grands terriens    1165
Que leur nom est sans nom par les historiens ? »
Il respond : « Rien du tout, ils sont mignons du Prince. »
—« Ont'ils sur l'Espagnol conquis quelque province ?
Ont'ils par leurs conseils relevé un mal-heur,
Delivré leur pays par extreme valeur ?       1170
Ont'ils sauvé le Roy, commandé quelque armée,
Et par elle gaigné quelque heureuse journée ? »
A tout fut respondu : « Mon jeune homme, je croy
Que vous estes bien neuf, ce sont mignons du Roy. »

---

(776) Sardanapale—roi de Ninive, type du prince puissant menant une vie voluptueuse et dissolue (781) pinceté—épilé (787) dechicquetures—ouvertures qui laissaient voir les passements (788) Les tireures étaient à fil d'argent, les passements à fil d'or. (790) C'est le satin qui est gaufré. (1115) police—politique (1121) morgans—pleins de morgue (1128) l'attaque—lui adresse la parole (1136) l'air—sa manière de se comporter; saltinbardelle—écuyer de cirque (1140) fendant—pourfendeur (1146) braves

—bien vêtus   (1157) s'accoste de—s'approche de   (1158) en prendre langue
—s'informer   (1160) vent—terme de chasse qui veut dire ici *nouvelle*
(1163) comme—comment

VENGEANCES

    Ainsi Abel offroit en pur conscience
Sacrifices à Dieu, Caïn offroit aussi :
L'un offroit un cœur doux, l'autre un cœur endurci,    180
L'un fut au gré de Dieu, l'autre non agreable.
Caïn grinça les dents, palit, espouvantable,
Il massacra son frere, et de cet agneau doux
Il fit un sacrifice à son amer courroux.
Le sang fuit de son front, et honteux se retire    185
Sentant son frere sang que l'aveugle main tire;
Mais, quand le coup fut fait, sa premiere pasleur
Au prix de la seconde estoit vive couleur :
Ses cheveux vers le ciel herissés en furie,
Le grincement de dents en sa bouche flestrie,    190
L'œil sourcillant de peur descouvroit son ennuy.
Il avoit peur de tout, tout avoit peur de luy :
Car le ciel s'affeubloit du manteau d'une nue
Si tost que le transi au ciel tournoit la veuë;
S'il fuyoit au desert, les rochers et les bois    195
Effrayés abbayoyent au son de ses abois.
Sa mort ne peut avoir de mort pour recompense,
L'enfer n'eut point de morts à punir cette offense,
Mais autant que de jours il sentit de trespas :
Vif il ne vescut point, mort il ne mourut pas.    200
Il fuit d'effroi transi, troublé, tremblant et blesme,
Il fuit de tout le monde, il s'enfuit de soy-mesme.
Les lieux plus asseurés luy estoyent des hazards,
Les fueilles, les rameaux et les fleurs des poignards,
Les plumes de son lict des esguilles piquantes,    205
Ses habits plus aisez des tenailles serrantes,
Son eau jus de ciguë, et son pain des poisons;
Ses mains le menaçoyent de fines trahisons :
Tout image de mort, et le pis de sa rage
C'est qu'il cerche la mort et n'en voit que l'image.    210
De quelqu'autre Caïn il craignoit la fureur,
Il fut sans compagnon et non pas sans frayeur,

Il possedoit le monde et non une asseurance,
Il estoit seul part tout, hors mis sa conscience :
Et fut marqué au front afin qu'en s'enfuyant            215
Aucun n'osast tuer ses maux en le tuant.

(188) Au prix de—en comparaison de   (197) Sa mort—la mort de Cain
(206) plus aisez—les plus larges

### JUGEMENT

« Sainct, sainct, sainct le Seigneur ! O grand            1055
        Dieu des armées,
De ces beaux cieux nouveaux les voutes enflammées,
Et la nouvelle terre, et la neufve cité,
Jerusalem la saincte, annoncent ta bonté !
Tout est plein de ton nom. Sion la bien-heureuse
N'a pierre dans ses murs qui ne soit precieuse,            1060
Ni citoyen que Sainct, et n'aura pour jamais
Que victoire, qu'honneur, que plaisir et que paix.
        « Là nous n'avons besoin de parure nouvelle,
Car nous sommes vestus de splendeur eternelle.
Nul de nous ne craint plus ni la soif ni la faim,            1065
Nous avons l'eau de grace et des Anges le pain;
La pasle mort ne peut accourcir cette vie,
Plus n'y a d'ignorance et plus de maladie.
Plus ne faut de soleil, car la face de Dieu
Est le soleil unique et l'astre de ce lieu :            1070
Le moins luisant de nous est un astre de grace,
Le moindre a pour deux yeux deux soleils à la face.
L'Eternel nous prononce et crée de sa voix
Rois, nous donnant encor plus haut nom que de Rois :
D'estrangers il nous fait ses bourgeois, sa famille,            1075
Nous donne un nom plus doux que de fils et de fille. »
        Mais aurons-nous le cœur touché de passions
Sur la diversité ou choix des mansions ?
Ne doit-on point briguer la faveur demandée
Pour la droicte ou la gauche aux fils de Zebedée ?            1080
Non, car l'heur d'un chacun en chacun accompli
Rend de tous le desir et le comble rempli;
Nul ne monte trop haut, nul trop bas ne devale,
Pareille imparité en difference esgale.

Ici bruit la Sorbonne, où les docteurs subtils          1085
Demandent : « Les esleus en leur gloire auront-ils,
Au contempler de Dieu, parfaite cognoissance
De ce qui est de lui et toute son essence ? »
Ouy de toute, et en tout, mais non totalement.
Ces termes sont obscurs pour nostre enseignement;       1090
Mais disons simplement que cette essence pur
Comblera de chascun la parfaicte mesure.
    Les honneurs de ce monde estoyent hontes au prix
Des grades eslevez au celeste pourpris;
Les thresors de là haut sont bien d'autre matiere        1095
Que l'or, qui n'estoit rien qu'une terre estrangere.
Les jeux, les passetemps et les esbats d'ici
N'estoyent qu'amers chagrins, que colere et souci,
Et que geinnes au prix de la joye eternelle
Qui, sans trouble, sans fin, sans change renouvelle.      1100
Là sans tache on verra les amitiez fleurir :
Les amours d'ici bas n'estoyent rien que haïr
Au prix des hauts amours dont la saincte harmonie
Rend une ame de tous en un vouloir unie,
Tous nos parfaicts amours reduits en un amour             1105
Comme nos plus beaux jour reduits en un beau jour.
    On s'enquiert si le frere y connoistra le frere,
La mere son enfant et la fille son pere,
La femme le mari : l'oubliance en effect
Ne diminuera point un estat si parfaict.                  1110
Quand le Sauveur du monde en sa vive parole
Tire d'un vrai subject l'utile parabole,
Nous presente le riche, en bas precipité,
Mendiant du Lazare aux plus hauts lieux monté,
L'abysme d'entre deux ne les fit mesconoistre,           1115
Quoi que l'un fust hideux, enluminé pour estre
Seché de feu, de soif, de peines et d'ahan,
Et l'autre rajeuni dans le sein d'Abraham.
Mais plus ce qui nous fait en ce royaume croire
Un sçavoir tout divin surpassant la memoire,              1120
D'un lieu si excellent il parut un rayon,
Un portrait raccourci, un exemple, un crayon
En Christ transfiguré : sa chere compagnie
Conut Moyse non veu et sçeut nommer Elie;
L'extase les avoit dans le ciel transportés,             1125

Leurs sens estoyent changés, mais en felicités.
  Adam, ayant encor sa condition pure,
Conut des animaux les noms et la nature,
Des plantes le vray suc, des metaux la valeur,
Et les esleus seront en un estre meilleur.                    1130
Il faut une aide en qui cet homme se repose :
Les Saincts n'auront besoin d'aide ni d'autre chose.
Il eut un corps terrestre et un corps sensuel :
Le leur sera celeste et corps spirituel.
L'ame du premier homme estoit ame vivante :          1135
Celle des triomphans sera vivifiante.
Adam pouvoit pecher et du peché perir :
Les Saincts ne sont sujects à pecher ni mourir.
Les Saincts ont tout; Adam receut quelque deffense
Satan put le tenter, il sera sans puissance.          1140
Les esleus sçauront tout, puis que celui qui n'eut
Un estre si parfait toutes choses conut.
  Diray-je plus ? A l'heur de cette souvenance
Rien n'ostera l'acier des ciseaux de l'absence;
Ce triomphant estat sera franc annobli          1145
Des larrecins du temps, des ongles de l'oubli :
Si que la conoissance et parfaite et seconde
Passera de beaucoup celle qui fut au monde.
Là sont frais et presens les bienfaits, les discours,
Et les plus chauds pensers, fusils de nos amours.          1150
Mais ceux qui en la vie et parfaite et seconde
Cerchent les passions et les storges du monde
Sont esprits amateurs d'espaisse obscurité,
Qui regrettent la nuict en la vive clarté;
Ceux là, dans le banquet où l'espoux nous invite,          1155
Redemandent les auls et les oignons d'Egypte,
Disans comme bergers : « Si j'estois Roy, j'aurois
Un aiguillon d'argent plus que les autres Rois. »
  Les apostres ravis en l'esclair de la nuë
Ne jettoyent plus ça bas ni memoire ni veuë;          1160
Femmes, parens, amis n'estoyent pas en oubli,
Mais n'estoyent rien au prix de l'estat annobli
Où leur chef rayonnant de nouvelle figure
Avoit haut enlevé leur cœur et leur nature,
Ne pouvant regretter aucun plaisir passé          1165
Quand d'un plus grand bon-heur tout heur fut effacé.

Nul secret ne leur peut estre lors secret, pource
Qu'ils puisoyent la lumiere à sa premiere source :
Ils avoyent pour miroir l'œil qui fait voir tout œil,
Ils avoyent pour flambeau le soleil du soleil. 1170
Il faut qu'en Dieu si beau toute beauté finisse,
Et comme on feint jadis les compagnons d'Ulisse
Avoir perdu le goust de tous frians appas
Ayant fait une fois de lothos un repas,
Ainsi nulle douceur, nul pain ne fait envie 1175
Après le Man, le fruict du doux arbre de vie.
L'ame ne souffrira les doutes pour choisir,
Ni l'imperfection que marque le desir.
Le corps fut vicieux qui renaistra sans vices,
Sans tache, sans porreaux, rides et cicatrices. 1180
    En mieux il tournera l'usage des cinq sens.
Veut-il souëfve odeur ? il respire l'encens
Qu'offrit Jesus en croix, qui en donnant sa vie
Fut le prestre, l'autel et le temple et l'hostie.
Faut-il des sons ? le Grec qui jadis s'est vanté 1185
D'avoir ouï les cieux, sur l'Olympe monté,
Seroit ravi plus haut quand cieux, orbes et poles
Servent aux voix des Saincts de luths et de violes.
Pour le plaisir de voir les yeux n'ont point ailleurs
Veu pareilles beautés ni si vives couleurs. 1190
Le goust, qui fit cercher des viandes estranges,
Aux nopces de l'Agneau trouve le goust des Anges,
Nos mets delicieux tousjours prests sans apprets,
L'eau du rocher d'Oreb, et le Man tousjours frais :
Nostre goust, qui à soy est si souvent contraire, 1195
Ne goustra l'amer doux ni la douceur amere.
Et quel toucher peut estre en ce monde estimé
Au prix des doux baisers de ce Fils bien aimé ?
Ainsi dedans la vie immortelle et seconde
Nous aurons bien les sens que nous eusmes au monde 1200
Mais, estans d'actes purs, ils seront d'action
Et ne pourront souffrir infirme passion :
Purs en subjects trés purs, en Dieu ils iront prendre
Le voir, l'odeur, le goust, le toucher et l'entendre.
Au visage de Dieu seront nos saincts plaisirs, 1205
Dans le sein d'Abraham fleuriront nos desirs,

Desirs, parfaits amours, hauts desirs sans absence,
Car les fruicts et les fleurs n'y font qu'une
    naissance.
    Chetif, je ne puis plus approcher de mon œil
L'œil du ciel; je ne puis supporter le soleil,         *1210*
Encor tout esblouï, en raisons je me fonde
Pour de mon ame voir la grand' ame du monde,
Sçavoir ce qu'on ne sçait et qu'on ne peut sçavoir,
Ce que n'a ouï l'oreille et que l'œil n'a peu voir;
Mes sens n'ont plus de sens, l'esprit de moy s'envole,    *1215*
Le cœur ravi se taist, ma bouche est sans parole:
Tout meurt, l'ame s'enfuit, et reprenant son lieu
Exstatique se pasme au giron de son Dieu.

(1096) étrangere à notre essence (1099) geinnes—tourments (1115) ne les empêcha pas de se reconnaître (1144) L'acier des ciseaux de l'absence n'ostera rien (1150) fusils—briquets (1152) storges—affections humaines (1174) lothos—lotus (1176) le Man—la manne (1180) porreaux (poireaux)—verrues (1184) l'hostie—la victime expiatoire (1185) C'est Platon qui est censé avoir entendu l'harmonie des astres. (1208) Les fruits viennent en même temps que les fleurs.

# Jean de La Ceppède
## (1550-1622)

JEAN DE LA CEPPÈDE was born in Marseille and spent practically all his life as a lawyer and magistrate at Aix-en-Provence. Though not actually a Protestant, he is usually grouped with Sponde and D'Aubigné because of his preoccupation with the Gospels and his fierce independence. During the Religious Wars he gained the animosity of the Catholic party by his support of Henri de Navarre.

The principal work of La Ceppède is his *Théorèmes*, which consist of 515 sonnets divided into two sections. In the first part, published in 1613, La Ceppède dealt with "le sacré mystère de nostre rédemption." The second part (published in 1621) goes on to consider "les mystères de la descente de Jésus-Christ aux Enfers, de sa résurrection, de ses apparitions après icelle, de son ascension, et de la mission du S. Esprit en forme visible." These are accompanied by a learned commentary or argument in which La Ceppède cites Biblical references, sources and parallels.

In his poetry, La Ceppède leaves no doubt about his complete sincerity. His knowledge of theology is vast and he uses every means he can to express the intensity of his faith. La Ceppède regards man as a microcosm of the universe. His vision of the world combines the Renaissance interest in humanism with a faith in the significance of all things which is distinctly medieval. La Ceppède's use of numbers and colours is frequently symbolic but he gives us clues to his meaning in the explanatory notes which he appended to his poems. His language is concrete and vivid, and his skill in expressing ideas through startling sounds and images contributes to the dramatic effect of his poetry.

REFERENCES

François Ruchon, *Essai sur la vie et l'œuvre de Jean de La Ceppède* (Geneva, Droz, 1953).

Imbrie Buffum, *Studies in the Baroque from Montaigne to Rotrou*, pp. 115–35 (New Haven, Yale University Press, 1957).

## LES THEOREMES

### I : XXXIIII

Trois fois il renoüa sa priere enflamée,
Que trois fois pour les siens il avoit intermis.
Trois fois il fut revoir ses amis endormis,
Tesmoins des trois vertus dont elle est animée.          *4*

Trois amours en cet acte ont son ame alumée,
Dont l'une l'a comme homme à trois craintes soubsmis :
Les deux autres l'ont fait pour trois genres d'amis
Accorder que sa vie au bois fut consommée.          *8*

Trois fois en cette angoisse il fut reconforté
Par l'Ange, par qui fut à Marie apporté
L'advis de sa naissance ô Mystere ordinaire.          *11*

O saincte Trinité, vous modelez ce front
De la scene, où le Christ doit souffrir cet affront
Sur vostre unique exemple au saint nombre ternaire.          *14*

(2) « *Intermis*—L'interruption et triple reiteration de cette priere est attestée par S. Matthieu 26 depuis le verset 39 jusqu'au 44 inclusivement. » (4) « *Animée*—S. Marc au 14 verset 41 affirme que Jesus-Christ revint trois fois vers ses trois Apostres; qui sont icy appelez tesmoins de sa triple oraison et des trois vertus d'icele; sçavoir de l'humblesse, de la perseverance, et de l'obeïssance dont elle fut accompagnée... » (8) « *Consommée*—Jesus-Christ estoit icy pressé de trois fortes affections, de l'amour de soy-mesme (comme veritablement homme), de l'amour du monde, et de l'amour de ses Apostres; le premier luy donnoit trois craintes, cele des plus sensibles douleurs qu'homme souffrit jamais, cele d'une horrible mort, et cele de l'ignominie publique qu'il devoit endurer... Et les autres amours emportant le dessus le font consentir à sa mort, et dire pour trois genres d'hommes pour les passez, pour les presens et pour les futurs. Non mea, sed tua voluntas fiat. » (9) La Ceppède ajoute des remarques à propos de l'identité de l'ange (Michel ? Gabriel ?) et conclut : « Quant à l'autre concept de ce tiercet que cet Ange apparut et conforte trois fois Jesus-Christ, il n'est pas improbable, et si est vray semblable puis qu'il est certain qu'angoisseux il refit trois fois cette ardante priere. »

### I : LXXIX

Des peureux oiselets la troupe gazoüillarde
Au simple mouvement, au moindre petit bruit,
D'un caillou, qu'un passant dans le taillis hazarde
Part, s'envole en desordre, et s'escarte, et s'enfuit.        4

Cependant qu'ils s'en vont où la peur les conduit,
Ils trouvent le peril de leur fuite coüarde,
L'un donne dans la glu qui sa fuite retarde,
L'autre dans le filet qu'on a tendu la nuict.            8

Christ ainsi prisonnier fut la pierre jettée.
Au milieu de sa troupe aussi tost escartée,
Chacun des siens se lasche à sa fragilité.            *11*

Et fuyant leur salut, pour fuïr la potence,
L'un donne variable au ret de l'inconstance,
L'autre se jette au glu de l'infidelité.            *14*

(9) « *Pierre*—Christ est appelé Pierre par S. Paul en la 1 aux Corinthiens 10 verset 4. » (13) « *De l'inconstance*—Pource qu'il quitte legerement le parti qu'il avoit suivi et soustenu jusques icy. » (14) « *De l'infidelité*—Pource qu'il abandonne son Maistre au besoin, contre la foy jurée, et si monstre qu'il se deffie du pouvoir qu'il a de le garantir. »

I : LXX

Voicy—l'Homme, ô mes yeux, quel object deporable
La honte, le veiller, la faute d'aliment,
Les douleurs, et le sang perdu si largement
L'ont bien tant déformé qu'il n'est plus desirable.          4

Ces cheveux (l'ornement de son chef venerable)
Sanglantez, herissez, par ce couronnement,
Embroüillez dans ces joncs, servent indignement
A son test ulceré d'un haye execrable.          8

Ces yeux (tantost si beaux) rébatus, r'enfoncez,
Ressalis, sont helas ! deux Soleils éclipsez,
Le coral de sa bouche est ores jaune-pasle.          11

Les roses, et les lys de son teint sont flétris :
Le reste de son Corps est de couleur d'Opale,
Tant de la teste aux pieds ses membres sont meurtris.          14

(4) « *Desirable*—Comme n'ayant plus ny beauté, ny grace dit le Prophete Esaye 53 verset 4. » (14) « *Meurtris*—Cette conclusion est du mesme Prophete disant « De la plante du pied jusqu'au sommet de la teste il n'y a point de santé en luy » Chapitre 1 verset 6. »